Der Weg der leeren Hand

Meditationen zum Vaterunser

1. Auflage Januar 2010

Info3-Verlagsgesellschaft Brüll & Heisterkamp KG,
Frankfurt am Main

Gestaltung: Frank Schubert, Frankfurt am Main,
www.knarfswerk.de

Printed in Germany by Lindendruck, Hannover

ISBN 978-3-924391-45-4

www.info3.de

BARUCH RABINOWITZ

Der Weg der leeren Hand

MEDITATIONEN
ZUM VATERUNSER

info3 VERLAG

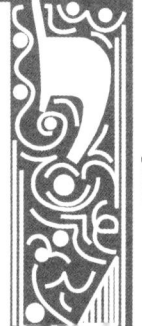

INHALT

11   **Einleitung**

17   **TAG 1**

Vorbereitungsmeditation: Der Buchstabe „ALeph"

Hauptmeditation: „Vater unser im Himmel"

Schlussmeditation. Das erste Gebot:
„Ich bin der Herr, dein Gott. Du sollst keine anderen Götter neben mir haben."

25   **TAG 2**

Vorbereitungsmeditation: Der Buchstabe „Beth"

Hauptmeditation: „Geheiligt werde Dein Name"

Schlussmeditation. Das zweite Gebot:
„Du sollst den Namen Gottes nicht beschmutzen."

35   **TAG 3**

Vorbereitungsmeditation:
Der Buchstabe „Gimmel"

Hauptmeditation: „Dein Reich komme"

Schlussmeditation. Das dritte Gebot:
„Du sollst den Tag des Herrn heiligen"

45   **TAG 4**

Vorbereitungsmeditation: Der Buchstabe „Dalet"

Hauptmeditation: „Dein Wille geschehe, wie im Himmel so auf Erden"

Schlussmeditation. Das vierte Gebot:
„Du sollst Vater und Mutter ehren."

57 TAG 5

Vorbereitungsmeditation: Der Buchstabe „Hey"

Hauptmeditation: „Unser tägliches Brot gib uns heute"

Schlussmeditation. Das fünfte Gebot:
„Du sollst nicht töten."

71 TAG 6

Vorbereitungsmeditation: Der Buchstabe „Waw"

Hauptmeditation: „Vergib uns unsere Schuld,
wie auch wir vergeben unseren Schuldigern"

Schlussmeditation. Das sechste Gebot:
„Du sollst nicht ehebrechen."

83 TAG 7

Vorbereitungsmeditation:
Der Buchstabe „Sayin"

Hauptmeditation: „Und führe uns nicht in Versuchung"

Schlussmeditation. Das siebte Gebot:
„Du sollst nicht stehlen"

99 TAG 8

Vorbereitungsmeditation: Der Buchstabe „Chet"

Hauptmeditation: „Sondern erlöse uns von dem Bösen"

Schlussmeditation. Das acht Gebot:
„Du sollst nicht falsch gegen Deinen Nächsten
aussagen."

113 TAG 9

Vorbereitungsmeditation: Der Buchstabe „Tet"

Hauptmeditation: „Denn Dein ist das Reich und die Kraft und die Herrlichkeit"

Schlussmeditation. Das neunte Gebot: „Du sollst nicht begehren Deines Nächsten Frau."

129 TAG 10

Vorbereitungsmeditation: Der Buchstabe „Jud"

Hauptmeditation: „In Ewigkeit. Amen."

Schlussmeditation. Das zehnte Gebot: „Du sollst nicht begehren Deines Nächsten Gut."

„Für einen, der's weiß."

Einleitung

Jesus lehrte seine Jünger nicht nur, wie sie leben, sondern auch, wie sie beten sollten. Diese Lehre wurde besonders in dem bekannten Gebet des Vaterunser formuliert. Millionen von Menschen auf der Welt beten es täglich. Aber nur die wenigsten wissen, aus welchem Kontext die Worte stammen und was damit wirklich gemeint ist.

In der Zeit, als Jesus seine Nachfolger beten lehrte, gab es noch keine Kirche und kein Christentum. Jesus und seine Schüler lebten im vor-rabbinischen Judentum – in dieser Religion wurde mit dem Gebet etwas überwiegend anderes gemeint, als es heute der Fall ist. Das Gebet damals hatte sehr viel mit der Meditation zu tun. In der Tat hatten einige jüdische Gebete aus der Zeit des zweiten Tempels sogar einen Mantra-Charakter. Die Meditation spielte eine sehr große Rolle im antiken Judentum. Leider ist diese Tradition im Laufe der Zeit in Vergessenheit geraten und der größte Teil der meditativen Praxis verloren gegangen, obwohl es heute schon wieder jüdische Gelehrte gibt, die den Schatz jener jüdischen Meditation neu entdecken und beleben wollen. Der amerikanische Rabbiner und Kabbalist Arye Kaplan beispielsweise hat zu diesem Thema mehrere Bücher geschrieben.

Ein sehr großer Unterschied bestand immer zwischen dem öffentlichen und dem privaten Gebet. Während alle öffentlichen Gebete im Tempel oder in einer Synagoge stattfanden, suchte man für sein privates Gebet menschenleere Orte auf, wo man sich dem Alltag entziehen und in der Einsamkeit Gott suchen konnte. Auch Jesus suchte für sich solche Orte. Nach der rabbinischen Überlieferung stammt diese Tradition von Isaak, dessen Praxis es war, auf dem offenen Feld zu meditieren. Spätere Kabbalisten und Hassidim („Fromme") folgten diesem Beispiel – die Anhänger von Baal Schem Tow – und suchten die Einsamkeit in den Bergen und Feldern, wo sie Gott von Angesicht zu Angesicht begegnen wollten, und verbrachten so manchmal mehrere Monate. Sie fanden dort ihre Inspiration und schrieben Bücher darüber. Viele kabbalistische Werke sind so in den Höhlen der Pyrenäen entstanden.

Wenn wir verstehen wollen, was Jesus gelehrt hat, sollten wir das Gebet Vaterunser im Kontext des damaligen Judentums betrachten. Dafür müssen wir uns mit den drei wichtigsten Aspekten des Gebetes vertraut machen. Das Wort für „beten" ist in der hebräischen Sprache „Le'Hitpalel" und ein reflexives Verb. Dementsprechend bewirkt das Gebet nur etwa für mich allein und kein anderes Wesen. Wenn ich bete, versuche ich mich selbst zu ändern, so dass Gott in mir und durch mich wirken kann. Im Judentum wurde geglaubt, dass Gott alles weiß und uns alles, was wir brauchen, immer schon gegeben hat. Nur muss ich auch in der Lage sein, dies empfangen zu können. Mit dem Gebet schaffe ich Platz in meinem Leben, so dass Gott diesen dann mit seinem Segen füllen kann. Das Problem eines nichtbeantworteten Gebetes liegt daher nicht an Gott, sondern allein an mir. So wie die Sonne jeden Raum mit Licht füllt, so erfüllt Gott die Welt mit allem Guten und seinem Segen. Ich muss nur die Gardinen öffnen und dieses Licht in mein Zimmer lassen. Meine Augen muss ich öffnen um zu sehen, meine Ohren um zu hören, mein Nase um zu riechen und meine Hände ausstrecken um zu empfangen.

Mein Gebet ist nicht, was ich sage, sondern was ich tue, denke und fühle. Worte spielen dabei kaum eine Rolle. Im Grunde genommen bin ich selbst das Gebet. Und dieses Gebet wird immer beantwortet.

Deswegen ist das meditative Gebet so wichtig. Es geht darum, dass ich an meinen Kern kommen kann, meine Gefühle, Gedanken und Sehnsüchte auf die Probe stelle und mich verändere, so, dass ich selbst zu dem Gebet werde, das ich gerne beantwortet haben möchte. Wenn ich etwa sage: „Dein Reich komme", aber nicht bereit bin, mein eigenes Reich gehen zu lassen, ergibt mein Gebet keinen Sinn. Desgleichen wenn ich sage, dass Gott ein König ist, ich aber über mein Leben selbst bestimmen will. Mein Gebet ist nichts anderes als: „Ich will über mein Leben selbst bestimmen". Das, was ich wirklich bin, was ich wirklich denke, was ich wirklich fühle und was ich wirklich will, ist genau mein Gebet. Auf diese Weise bete ich ununterbrochen.

Das Judentum betrachtet das Gebet als eine enorme Kraft. Wir leben in einer dreidimensionalen Welt. Unser Gebet ist ebenfalls dreidimensional und besteht aus Gedanken, Worten und Taten. Jüdische Gelehrte haben die menschlichen Gedanken mit den Engeln verglichen. Das benötigt eine Erklärung. Ein Engel ist im Judentum etwas völlig anderes als die Vorstellung von kleinen, süßen, weißgekleideten Wesen mit kindlichem Gesicht. Ein Engel bedeutet auf Hebräisch „Malach" und wird mit „Bote" übersetzt. Ein Engel ist eine Energie, eine Kraft, die an eine bestimmte Aufgabe gebunden ist und alles dafür tut, dass diese Aufgabe auch erfüllt wird. Die Rabbiner lehren ferner, dass jeder Gedanke einen energetischen Funken verursacht – die Geburt eines Engels. Je stärker der Gedanke, desto stärker der Impuls und desto stärker ist der Engel, der dafür sorgen wird, dass der Gedanke sich materialisiert.

Die Rabbiner haben sogar gelehrt, dass man alles bekommen kann, was man will – egal ob Gutes oder Böses. Man muss es nur genug wollen. Sie haben diese Lehre im babylonischen Talmud mit dem Satz formuliert: „Auf dem Weg, den der Mensch gehen will, wird er geschoben." Auch Jesus sprach immer wieder von der Kraft des Glaubens. Wenn man bloß stark genug glaubt, wird man sogar zu einem Berg sagen können, er solle sich verschieben, und der Berg wird gehorchen. Jesus forderte die Menschen immer wieder auf, ihren Schatz im Himmel zu suchen – denn wo der Schatz ist, dort wird man hinstreben. Und jenen Ort, zu dem man strebt, wird man auch ultimativ erreichen können.

Im Folgenden werden wir das Gebet Vaterunser in zehn Abschnitte teilen. Jeder Abschnitt steht für einen Tag der Meditation – nach zehn Tagen haben wir das Vaterunser zu Ende gebetet. Für die Meditation über jeden Vers brauchen wir einen ruhigen Ort, an dem wir allein und ungestört sein können. Dreimal am Tag wollen wir über den Vers des Tages in der Stille meditieren und dann immer wieder darüber nachdenken. Wir werden auch ein Notizbuch dafür brauchen, in welches wir, je nach Meditation, unsere Eindrücke eintragen wollen.

TAG 1

VORBEREITUNGSMEDITATION

Der Buchstabe „Aleph"

Der Buchstabe Aleph hat den Wert 1 und steht für Gott. Dieser Buchstabe ist jedoch auch dreidimensional und besteht aus drei Buchstaben: Jud, Waw und Jud. Zusammen ergeben sie in der Gematria, bei der die Buchstaben mithilfe der Zahlen interpretiert werden, den Wert 26, was gleichzeitig die Summe des göttlichen Namens JHWH – Jahwe ist. Diese Welt ist dreidimensional – wir sehen sie dreidimensional, die Zeit besteht aus der Vergangenheit, der Gegenwart und der Zukunft und aus Gedanken, Worten und Taten. Unsere erste Aufgabe ist es, die drei Welten wieder in eine Welt zu vereinen – in der unsere Gedanken, Worte und Taten miteinander in Harmonie und auf die gleichen Ziele hin ausgerichtet sind. Sie müssen in uns eins werden. So ist es auch mit der Zeit: Die Vergangenheit und die Zukunft sollen sich in der Gegenwart treffen. In dieser Meditation wollen wir zuerst unsere Gedanken, Gefühle und

Taten analysieren. Die Fragen, die wir beantworten sollen, sind: Was denke ich wirklich? Wohin will ich? Was sind meine Ziele? Wie fühlt sich das an? Was sagen meine Gefühle? Will ich wirklich dorthin? Oder vielleicht doch etwas völlig anderes? Und schließlich: Was tue ich wirklich in meinem Leben? Wie handle ich? Und warum? Schreiben Sie alles, was Ihnen dazu einfällt, in Ihr Notizbuch. Wenn Sie eine Diskrepanz entdecken zwischen dem, was Sie denken, fühlen und tun, versuchen Sie sich zu fragen: Wie würde der Weg aussehen, Ihre Gedanken (was Sie wollen), Gefühle (was Sie dazu fühlen) und Taten (was Sie in der Wirklichkeit machen) miteinander zu vereinen? Wo würden diese Stränge einander treffen? Stellen Sie sich selbst in verschiedenen Lebenssituationen vor. Wo fühlen Sie sich harmonisch? Schreiben Sie es auf. Stellen Sie sich den Buchstaben Aleph in drei Teilen vor. Definieren Sie jedes Teil entweder als Gedanke, Gefühl oder Tat und fügen Sie die Teile zusammen, bis der Buchstabe wieder eins wird.

HAUPTMEDITATION

„Vater unser im Himmel"

Diese Worte sind den meisten von uns bekannt und viele haben sie schon unzählige Male gesprochen. Aber was bedeuten sie wirklich? Nein, diese Worte sind keine Einführung, sie sind ein Statement. Ganz am Anfang des Gebetes bekennen wir uns als geistige, spirituelle Wesen. Wir sind physisch, aber nicht von dieser Welt. Wir gehören dem Höchsten, wir sind unsterblich und Er ist der Vater unserer Seele, genauso wie der Mann, der uns gezeugt hat, unser physischer Vater ist. So wie wir mit der physischen Welt auf der physischen Ebene verbunden sind, sind wir auf gleiche Weise mit der himmlischen Welt verbunden. Der Himmel soll für uns genauso real sein wie die Erde. Mit diesen Worten bekennen wir uns zu demjenigen, der uns geistig erschuf – Gott. Wir sind ein Teil von ihm, wir teilen seine Natur als spirituelle Wesen, unsere Seele ist von derselben Substanz und derselben Natur wie Gott selbst. Wir wurden nach seinem

Bildnis geschaffen und wir sind mit ihm auf immer und ewig verbunden. Unser Vater ist im Himmel. Uns selbst als spirituelle Wesen zu sehen, die auf dieser Welt nur vorübergehend sind, ist nicht einfach. Aber das ist die Realität, wenn wir die Worte „Vater unser im Himmel" aussprechen. Bleiben Sie sitzen oder knien Sie und versuchen Sie, Ihre Seele zu spüren, mit Ihren spirituellen Augen zu sehen, diese Realität zu berühren, mit ihr in Kontakt zu treten, auf sie zu hören. Verneigen Sie sich vor dem großen Mysterium des Lebens. Betrachten Sie Ihren himmlischen Vater, der der Ursprung Ihrer Seele und Ihres Lebens ist. An diesem Tag wiederholen Sie immer wieder die Worte: „Vater unser im Himmel". Er ist Ihr Vater – Sie sind sein Kind.

ABSCHLUSSMEDITATION

Das erste Gebot

Ich bin der Herr, dein Gott.
Du sollst keine anderen Götter neben mir haben.

Wir erfüllen das erste Gebot, indem wir uns zu unserer wahrhaftigen Quelle bekennen – zu unserem Vater im Himmel. Unsere Seele stammt von Gott und ihm allein gehört sie – sie ist ein Teil der allerhöchsten Kraft. Alles andere ist unwahr und ist dementsprechend ein Götzendienst. Nicht Kleider machen Leute, sondern die erleuchtete Seele macht den Menschen. Wir leben in einer Welt voller Masken – das Leben kann ein ununterbrochener Karneval sein, wenn wir uns darauf einlassen, immer die Erwartungen der Gesellschaft und unserer Umgebung zu erfüllen. Uns wird vorgeschrieben, wie wir aussehen sollen, was wir kaufen sollen, was ein gutes

Leben ist (Karriere, Geld, sozialer Status) und was nicht. Wir werden dazu erzogen Erfolg zu haben, so wie die Gesellschaft ihn heutzutage definiert. Als Preis dafür leben wir in einer Welt erfolgreicher, aber einsamer, unglücklicher und ausgebrannter Menschen. Wir sind versklavt in unserem eigenen Ägypten, in dem wir den Götzen dienen und nicht mehr in der Lage sind, „nein" oder „ja" zu sagen. Gott ist ein Wesen, das über andere Wesen entscheiden darf. Wem sind wir nun ergeben? Wem dienen wir? Wer ist unser Gott? Das erste Gebot fordert den Menschen auf, sich auf seinen inneren Kern zu besinnen, sich aus der Sklaverei der Vergänglichkeit zu befreien und sich an die Ewige Quelle zu binden. „Vater unser" ist das Bekenntnis unserer Loyalität und Treue dem Gott der Liebe, Wahrheit und Barmherzigkeit gegenüber. Als Söhne und Töchter des himmlischen Vaters haben wir die Kraft bekommen, dem Bösen zu widerstehen und als freie Menschen zu leben – unabhängig davon, was andere Menschen darüber denken. Denn uns muss bewusst werden, dass wir nicht durch ihre Kritik fallen und ebenso wenig durch ihr Lob aufstehen werden. Schreiben Sie auf, welche Gefühle und Dinge Sie noch versklaven.

Meditieren Sie darüber: Wie würde Ihr Leben aussehen, wenn Sie sich von diesen negativen Emotionen und Gegenständen befreien würden?

TAG 2

 VORBEREITUNGSMEDITATION

Der Buchstabe „Beth"

Der Buchstabe Beth hat den Wert 2 und steht für ein Haus. Dieser Buchstabe ist von drei Seiten geschlossen und nur nach links offen – die Schreibrichtung in den semitischen Sprachen. Mit diesem Buchstaben fängt die biblische Geschichte an: „Am Anfang" – „Bereschit". Und das wird von den jüdischen Gelehrten als kein Zufall gewertet. Der Buchstabe Beth impliziert von vornherein zwei Anfänge: einen vor dem Sündenfall und den zweiten nach dem Sündenfall; so wie den Zustand vor und nach der Erleuchtung. Dieser Buchstabe stellt auch das Haus oder den sakralen Raum – den Tempel – dar. Der Tempel ist ein Symbol der Heiligkeit des Ortes und der Zeit. Jeder von uns ist dafür verantwortlich, seinen eigenen inneren und äußeren sakralen Raum zu errichten und ihn zu pflegen. Dafür brauchen wir Disziplin und Ordnung – sie sind die ersten zwei Wände unseres spirituellen Heiligtums. Disziplin impliziert, dass wir uns regelmäßig um den Bau und die Durchführung des Gottesdienstes kümmern. Die Ordnung ist unumgänglich, um unseren Dienst ungestört erfüllen zu können. Danach werden wir den Boden mit unseren Gebeten, mit Meditation und Kontemplation belegen, unser Dach wird aus Demut und Dankbarkeit gebaut, die Fenster werden das Licht aus allen vier Himmelsrichtungen für uns hereinbitten und unsere Möbel werden aus unseren spirituellen Erfahrungen gezimmert.

Um die Heiligkeit des Ortes zu erreichen, müssen wir uns daher zuerst um die Heiligkeit der Zeit kümmern. Mangel an Zeit geht meist aus dem chaotischen Umgang mit ihr hervor. In Wirklichkeit können wir alle so viel Zeit haben, wie wir brauchen. Unser erster Schritt lehrt uns, die Zeit als heilig anzusehen und sie als unseren Freund und Mentor zu ehren. Die Zeit ist ein Engel im Dienste des Allerheiligsten. Sie erinnert uns, dass alles in dieser Welt vergänglich ist – auch unser Körper. Ein buddhistischer Lehrer hat einmal gesagt, dass die meisten Menschen heute so leben, als ob sie nie sterben würden, und so sterben, als ob sie nie gelebt hätten. Wir sind eingeladen, das Mysterium der Zeit wieder zu entdecken und uns mit dem Sakrament der Zeit vertraut zu machen.

In der jüdischen Tradition gibt es eine strikte Trennung zwischen der sakralen und der profanen Zeit. Wir müssen wieder lernen, zwischen dem Heiligen und dem Alltäglichen zu unterscheiden. Das wird uns dabei helfen, uns auf unsere Aufgaben zu konzentrieren. Die Wüstenväter haben gelehrt, dass wir all das, was wir tun, mit ganzem Herzen tun sollen. Von Bruder Lorenz, einem Zisterziensermönch in Südfrankreich, wird erzählt, dass, wenn er das Geschirr spülte, er jeden Teller, den er berührte, als Christuskind in seiner Hand betrachtete. Es ist nicht einfach, im Hier und Jetzt zu bleiben. Aber das ist die Lehre der Heiligkeit der Zeit. Wir müssen uns auf die aktuelle Tätigkeit voll und ganz konzentrieren können – egal, ob wir beten, lesen, arbeiten, einkaufen oder putzen –, ohne dass wir in unseren Gedanken schon ganz woanders sind. Ein Mönch wurde gefragt, wie es ihm gelinge, so ruhig zu leben und trotzdem so viel zu schaffen. Er antwortete: „Wenn ich stehe, stehe ich. Wenn ich sitze, sitze ich. Wenn ich gehe, gehe ich. Wenn ich lese, lese ich. Wenn ich schlafe, schlafe ich.

Wenn ich esse, esse ich. Wenn ich arbeite, arbeite ich. Und wenn ich bete, bete ich." Wenn wir gelernt haben, uns auf unsere aktuelle Tätigkeit zu konzentrieren – was in diesem Fall schon ein hoch-kontemplatives Leben bedeutet –, dann werden wir auch erlernen, die heiligen Zeiten einzuhalten, ohne sie zu profanieren, und den Alltag mit den sakralen Inseln der Heiligkeit zu gestalten.

Zu diesen Zeiten werden wir unseren Tempel betreten und dort unseren Gottesdienst abhalten und Gott begegnen. Unser Tempel kann überall „gebaut" werden. Er kann ein Zimmer, ein Stuhl, ein Tisch oder eine Bank im Park sein. Aber dieser Ort muss für uns heilig sein. Dort kommen wir hin, um Gott zu suchen, dort finden wir ihn. In der Thora wird immer wieder von „Moadim" – „festgelegten Zeiten" gesprochen. Das waren die Zeiten, in welchen alle Israeliten aufgefordert wurden, nach Jerusalem zu pilgern und dort im Tempel ihre Opfer zu bringen. Wir brauchen heute auch solche festgelegten Zeiten, Termine sozusagen, an denen wir uns mit unserer Seele beschäftigen. Und diese Zeiten müssen unbedingt eingehalten werden. Wir können mit sehr kurzen, aber regelmäßigen Zeitabschnitten anfangen und sie dann immer wieder erweitern. Weniger ist manchmal mehr und langsam ist manchmal schneller. Auf dem Weg zu Erleuchtung und Erlösung gibt es keine Abkürzungen.

Sitzen Sie in der Stille und konzentrieren Sie sich auf den Moment. Stellen Sie sich vor, es gibt weder Vergangenheit noch Zukunft. Alles, was Sie haben, ist der gegebene Moment. Heißen Sie die Zeit willkommen. Laden Sie sie in Ihr Leben als Freund und Engel Gottes ein, der da ist, Ihnen zu helfen und Sie an Ihr Ziel zu bringen. Entscheiden Sie, welche Zeit ab jetzt für Sie sakral sein wird. Notieren Sie das und halten Sie diese Zeiten ein.

HAUPTMEDITATION

"Geheiligt werde Dein Name"

Das hebräische Wort für "heilig" ist "Kadosch" und bedeutet "getrennt, abgesondert, anders". Heilig zu sein heißt einfach anders, einzigartig, abgesondert zu sein. Gottes Namen zu heiligen bedeutet, dem Namen Gottes einen besonderen Platz zu geben, ihm zu erlauben, sich auf eine besondere Art in uns und durch uns zu manifestieren. Der "Name" im Judentum (hebräisch "Schem") bedeutet viel mehr als ein Wort, mit dem wir Menschen oder Objekte bezeichnen. Der Name bedeutet in der jüdischen Tradition "das Wesen und der Kern". Gottes Namen zu heiligen heißt deswegen nicht, über Gott nett zu reden oder aufzuhören, bei jeder Gelegenheit "um Gottes Willen" oder "oh Gott" zu sagen. Vielmehr sind wir aufgefordert, das, was Gott ist, zu ehren. Der Kern und das Wesen Gottes sollen deswegen in uns und durch uns "geheiligt" werden. Wir müssen lernen, Gott in uns zu finden, und ihn nicht geringer reden. Wir stammen von Gott und er erfüllt uns mit seiner Lebenskraft. Wir erlauben uns „besonders" und „anders" zu sein – denn wenn unser himmlischer Vater heilig ist, so tragen auch wir diesen heiligen Kern in unserer Seele. „Heilig" wurden auch die Tiere genannt, die im Jerusalemer Tempel geopfert wurden. Sie waren für Gott bestimmt. Gottes Namen zu heiligen bedeutet deswegen auch, uns als für Gott bestimmte Wesen anzusehen. Wir sind auf dieser Erde, damit er sich durch uns offenbaren und dieser Welt Heilung und Erlösung schenken kann. Ein erleuchteter Mensch betrachtet sich selbst und die ganze Welt als ein Sakrament Gottes – alles ist heilig, besonders, einzigartig. Man sieht sich selbst als ein Individuum und so sieht man alle anderen Menschen und „schert nicht alle anderen über einen Kamm". Jeder hat seinen besonderen Platz, seine einzigartige Aufgabe, einen höheren Zweck. Meditieren Sie darüber, was die göttliche Aufgabe in Ihrem Leben ist. Wie wird das Wesen Gottes durch Sie sichtbar? Sehen Sie sich als einen einzigartigen Menschen an, mit einzigartigen Talenten und einer einzigartigen Berufung. Bleiben Sie einzigartig, und Sie werden den Namen des Allerhöchsten heiligen.

ABSCHLUSSMEDITATION

Das zweite Gebot

*Du sollst den Namen Gottes
nicht beschmutzen.*

Wir heiligen den Namen Gottes, indem wir ihm einen besonderen Platz in unserem Alltag geben und als Kinder unseres himmlischen Vaters leben. Wir teilen mit Gott seine spirituelle Natur, die auch für den anderen Menschen sichtbar werden soll. Wir sind die Botschafter Gottes auf der Erde – dass wir hier sind, ist kein Zufall. Wenn es bedeutet, Gottes Namen zu heiligen, indem wir Gott in uns Raum zur Entfaltung geben, ihm und uns erlauben, einzigartig und besonders zu sein, dann bedeutet es, seinen Namen zu beschmutzen, wenn wir ihm genau das verweigern. Der Mensch beschmutzt den Namen Gottes, indem er Gott, sich selber und andere Menschen beschränkt und abgrenzt, indem er Gott, sich selber und seine Umgebung daran hindert, besonders oder einfach anders zu sein. Entdecken Sie Gott in sich selbst und in den anderen Menschen – fragen Sie sich: Wie würden Sie handeln und wie würden Sie sein, wenn niemand Sie beobachten und beurteilen würde? Handeln Sie so. Arbeiten Sie, als ob Sie kein Geld brauchen, tanzen Sie, als ob niemand Sie beobachtet, und lieben Sie so, als ob Sie nie verletzt wurden.

TAG 3

VORBEREITUNGSMEDITATION

Der Buchstabe „Gimmel"

Der Buchstabe Gimmel hat den Wert 3, bestehend aus drei Buchstaben-Komponenten Waw (Wert 6) und zweimal Jud (10x2=20), was schon wieder 26 ergibt, die Summe des heiligen Namens JHWH oder Jahwe. Das Symbol des Gimmel ist ein Kamel. Der Buchstabe Aleph stellt das Prinzip „drei in einem" dar, während der Buchstabe Gimmel „eins in drei" repräsentiert. Das spirituelle Leben ist ein Leben der Bewegung zwischen ununterbrochenem Rückzug und Entfaltung. Wir müssen uns zuerst entziehen und die notwendige Ruhe in uns finden. Wir bringen unsere dreifaltige Natur zusammen, bis alle drei eins werden. Aber danach soll das Licht, das der Geist in uns entzündete, für die ganze Welt scheinen. Wir entfalten uns als erneute Schöpfung – und wir dienen der Welt mit unserem Geist, den Gefühlen und dem Körper. Dies ist auch der Grund, warum das Symbol für den Buchstaben Gimmel ein Kamel darstellt. Das Kamel speichert Wasser in sich und kann tagelang in der Wüste überleben, bis es wieder eine erfrischende Quelle findet. Das Kamel dient auch dem Menschen – dank seiner Fähigkeiten kann es seine Herren führen. Ein spiritueller Mensch speichert in sich Segen, Licht und geistiges Wasser. Er trägt sie durch die „Wüste" des Lebens und schöpft daraus seine Kräfte. Damit dient er den anderen Menschen und seiner Umwelt. Die Energie, die der Mensch von Gott bekommt, muss unbedingt verwandelt werden – ansonsten verliert sie ihre Kraft und stirbt – stirbt in unserem Herzen, zerfällt und vergiftet uns. Der Weg der Erweckung ist ein Weg, auf dem man „gibt". Erst, wenn unsere Hand leer ist, wird sie wieder gefüllt.

Die Bibel sagt an mehreren Stellen, dass der, der gibt, auch bekommt. Wer nicht gibt, der stagniert und verliert womöglich sogar auch das, was er bereits hatte. Ob man nun materielle oder spirituelle Dinge anhäuft – sie nicht mit anderen Menschen zu teilen bedeutet, diese wertvollen Energien endgültig zu verschwenden. Das Volk Israel wurde nach dem Auszug aus Ägypten von himmlischem Brot, dem Manna ernährt. Aber die Israeliten durften nur so viel Manna sammeln, wie jeder einzelne benötigte. Der Versuch, mehr zu sammeln und für den nächsten Tag aufzubewahren, misslang. Das Manna verdarb und wurde ungenießbar. Menschen mit großem Wohlstand verlieren unglaublich schnell ihre Freude an jenen Dingen, die sie sich kaufen. In unserer Zeit werden Lebensmittel weggeworfen und die teuersten Gegenstände dem Verfall im Schrank überlassen. Manche Menschen investieren sehr viel Energie und Geld, um ihren Besitz zu verteidigen und in gutem Zustand zu erhalten. Mitunter haben sie gar keine Gelegenheit, das verdiente Geld zu genießen, denn sie verdienen das Geld nicht für sich selbst, sondern für ihren Besitz, der die ganze Zeit gepflegt werden muss und nach immer neuen Investitionen verlangt. Der Weg der Erleuchtung ist gleichzeitig der Weg der spirituellen Befreiung von Dingen, die, statt uns zu dienen, uns versklaven. Der Buchstabe Gimmel lehrt uns zu geben – alles, was wir können und auf jede mögliche Art und Weise. Das Leben bietet mehr als genug Möglichkeiten, so zu handeln, und zu geben heißt gleichzeitig, das Himmelreich Gottes in uns zu etablieren.

HAUPTMEDITATION

"Dein Reich komme"

Wie viele Menschen sagen täglich diese Worte, die aber für sie eigentlich überhaupt keinen Sinn ergeben, und würden sie nur einen Moment nachdenken, dann würden sie wahrscheinlich sofort mit dem Gebet aufhören. Denn „Dein Reich komme" ist keine abstrakte Formulierung. Das Reich Gottes ist ein Reich, in dem Gott tatsächlich regiert und in dem es keinen Platz für Unrecht gibt. Und dieses Reich ist nicht etwas, das irgendwann am Ende der apokalyptischen Umwälzungen vom Himmel herunterfallen wird – rums, und das Himmelreich ist da! Jesus lehrte, dass das Himmelreich nah ist. Und wenn seine Schüler ihn fragten, wie nah es denn eigentlich sei, antwortete Jesus: „Das Himmelreich ist in euren Herzen".

Das Himmelreich kommt also nicht von außen, sondern von innen. In mir selbst ist nach diesem Reich zu suchen und in mir ist dieses Reich zu finden. Der Same dieses Reiches liegt schon in mir. Ich erkenne ihn nur noch nicht, weil ihn der unendliche Kram meiner eigenen Wünsche, Gefühle und Sehnsüchte begräbt. Aber aus diesem Samen kann mitten in meinem Herzen der Baum des Lebens wachsen, in dessen Schatten „Vögel" (in der jüdischen Mystik werden Engel, die neue spirituelle Einsichten bringen, Vögel genannt) niederkommen und mir die Geheimnisse des Lebens offenbaren werden. Aber wie erreiche ich das? Hier treffe ich auf ein Problem. Denn wenn das Reich Gottes kommen soll, muss mein eigenes Reich zuerst gehen. Es hat keinen Sinn, Gott um sein Reich zu bitten, solange mein Reich immer noch da ist. Was ich zuallererst tun sollte, ist, mein Reich gehen zu lassen – für immer. Solange ich selbst über mein Leben entscheide und alles unter meiner eigenen Kontrolle behalten möchte, kann das Reich Gottes nie kommen. Es ist einfach kein Platz für zwei Könige da.

Ein buddhistischer Mönch sagte einst zu seinem Meister: „Ich will erleuchtet werden". Der Meister antwortete: „Solange es in dir ‚ich' und ‚will' gibt, kannst du nicht erleuchtet werden". Wenn ich die Worte „Dein Reich komme" ernst nehme, werde ich in mir einen Platz für Gottes Reich einräumen müssen. Das wird eine umfangreiche Arbeit bedeuten, aber es lohnt sich. Diese Worte des Vaterunser verlangen eine aktive Handlung von mir – ich muss mich von meinem „Wollen" befreien und mich der göttlichen Führung – dem Strom des Lebens – überlassen. Ich muss leer und offen sein – selig sind die Armen, sagte Jesus in seiner Bergpredigt – und das Reich Gottes in mir wirken lassen.

Meditieren Sie über das Reich Gottes: Was steht ihm im Wege, sich durch Sie mit ganzer Kraft offenbaren zu können? In welchen Aspekten des Lebens erweist sich Ihr eigenes, kleines Reich noch als machtvoller? Wie wird Ihr Leben aussehen, wenn das Reich Gottes in Ihnen vollständig aufgegangen sein wird?

ABSCHLUSSMEDITATION

Das dritte Gebot

Du sollst den Tag des Herrn heiligen.

Der heilige Tag des Herrn ist der Zeitpunkt, an dem die Entwicklung des Himmelreiches in uns ihren Anfang nimmt. Die mystische Lehre des Judentums, die Kabbala, besagt, dass wenn alle Juden nur zwei Mal den heiligen Tag, den Sabbat zelebrieren, der Messias sofort kommen würde. Der Sabbat dient als Symbol der messianischen Zeit und die Ewigkeit wird als unendlicher Sabbat beschrieben. Das ist ein Tag, an dem ich meine Arbeit unterbreche, die Natur achte und mich meiner Seele widme. An diesem Tag bin ich aufgefordert loszulassen. Egal, welchen der sieben Tage der Woche wir uns zum Sabbat erwählen, wir sind an diesem Tag eingeladen, das Himmelreich Gottes ganz praktisch zu erleben. Es ist ein Tag, den wir voll und ganz unserem spirituellen Leben widmen. Dieser Tag wird für uns zu einer Insel der Zeit, in der wir Gott immer wieder persönlich begegnen. Es muss ein festgelegter Tag sein, damit wir uns entsprechend darauf vorbereiten können, unsere Pflichten frühzeitig erledigt haben und die spirituelle Atmosphäre für diese Begegnung gewährleisten können. An diesem Tag werden wir lernen, das Himmelreich in uns zu begrüßen, unserem eigenen kleinen Reich ein weiteres Mal Lebewohl zu sagen und uns von unserem „ich" und „will" weiter zu lösen. Was immer wir an diesem Tag tun wollen, wir sollten versuchen, es in Zusammenhang und in Einklang mit dem Himmelreich Gottes zu bringen. „So wird dieser Tag aussehen, wenn das Reich Gottes in mir endgültig erblüht ist". Der heilige Tag des Herrn wird für uns auch als Quelle dienen, die uns neue Energie schenkt und unsere Gefäße mit einer neuen Portion des lebendigen Wassers füllt. Entwickeln Sie Ihre eigenen Ideen, wie Sie den heiligen Tag des Herrn zelebrieren können, sodass er zum Vorgeschmack der Ewigkeit für Sie werden kann.

TAG 4

VORBEREITUNGSMEDITATION

Der Buchstabe „Dalet"

Der Buchstabe Dalet hat den Wert 4 und symbolisiert eine Tür (hebr. „Delet"). Gemeint ist eine magische Tür, eine Schwelle, die in vier Himmelsrichtungen weist, und sie steht für unbegrenzte Möglichkeiten. Sie kann von uns in jede spirituelle Richtung geöffnet werden. Die vier Winde und die vier Engel – Michael, Gabriel, Uriel und Raphael – begleiten uns auf dem Weg, den wir gehen wollen. Der Erzengel Michael (der Name bedeutet: „Wer ist wie Gott?") ist der Engel des Ostens und sein Symbol der Löwe. Er ist für uns da, wenn wir uns mit einem Neuanfang beschäftigen, als Einzelgänger, wie der Löwe, durch die spirituelle Landschaft wandern und von ihm an den Ort des Sonnenaufganges geleitet werden. Der Erzengel Gabriel („Gott ist meine Kraft") ist der Herrscher des Westens. Sein Symbol ist der Stier und er führt uns, wenn unsere Wanderung nach Westen, in das „Land der Nacht" geht. Auf diesem Weg zu sein heißt, für sich selbst zu sterben, sich von seinem Ego zu befreien und sich von Dingen zu lösen, die abhängig machen. Der Stier ist ein Herdentier und auf diesem Weg brauchen wir unsere geistigen Mentoren, die uns helfen und unterstützen können. Der Erzengel Uriel („Gott ist mein Licht") wartet auf uns, wenn wir unsere Tür nach Norden öffnen. Sein Tier ist der Adler. Der Norden steht als Symbol für Mysterium und Geheimnis. Wir brauchen die „Adleraugen", um die Offenbarung nicht zu übersehen, und wir brauchen die Schnelligkeit des Adlers, damit wir sie nicht verpassen. Im äußersten Norden müssen wir auch mit extrem langen Phasen des Lichtes ebenso wie der Dunkelheit rechnen. Die dunkle Nacht der Seele ist ebenso wichtig, wie es die Lichttage sind, und sie beide gehören zum Prozess des spirituellen Wachstums dazu. Schließlich begegnet uns der Erzengel Raphael („Gott ist meine Heilung"), wenn wir die südliche Schwelle überqueren. Sein Symbol ist der Mensch. Er begleitet uns auf dem Weg der innerlichen Heilung. Das ist ein Pfad, der uns in die Tiefe unserer menschlichen Natur führt, auf dem wir uns selbst entdecken und überprüfen, denn nur so können wir überhaupt zur Heilung gelangen. Da stellen wir fest, dass wir krank sind, nicht perfekt, und wir brauchen Hilfe. Wir begegnen uns selbst, so wie wir sind – ohne Masken, die wir sonst so gerne im Leben tragen. Raphael führt uns zu unserem Heiland, der auch uns fragen wird: „Was willst du, dass ich mache?" Erst wenn wir antworten: „Herr, ich will geheilt werden", werden wir von ihm berührt und wiederhergestellt. Meditieren Sie über die Tür Ihrer Seele. Stellen Sie sich bildlich vor, in welche Richtung sie momentan geöffnet ist. Wohin geht Ihre spirituelle Reise?

Auch der Exodus aus Ägypten nahm seinen Ausgangspunkt an einer Tür – die Israeliten sollten die Türpfosten mit dem Blut des Opferlammes kennzeichnen, so dass der Todesengel an ihnen vorbeiging und ihnen keinen Schaden zufügte. Wir sind aufgefordert, unsere seelischen „Türen" – Augen, Ohren, Mund und Nase – ebenfalls zu schützen. Genau so wie wir Acht geben, wer in unser Haus kommt und was er mitbringt oder wegnimmt, sollten wir auch mit unserem Körper und unserer Seele verfahren. Alle Informationen, die auf uns einwirken, sollten wir filtern, um uns spirituell gesund zu erhalten. Denn was in uns hineingelangt, kann nicht so einfach wieder weggeworfen werden – es bleibt in uns, manchmal für immer. Auf dem Weg der Erleuchtung müssen wir zwischen schädlichen und aufbauenden Einflüssen unterscheiden und uns entsprechend schützen. „Konzentriere dich auf das Positive, denn das, worauf du dich konzentrierst, wird sich vermehren", sagt Buddha. Genauso vorsichtig müssen wir damit umgehen, was aus unserem Inneren in die Welt gelangt. „Achte auf deine Gedanken, denn sie sind der Anfang deiner Worte. Achte auf deine Worte, denn sie sind der Anfang deiner Taten. Achte auf deine Taten, denn sie sind der Anfang deiner Gewohnheit. Achte auf deine Gewohnheit, denn sie ist der Anfang deines Schicksals", so der Buddha weiter. Unsere Gedanken, Worte und Taten beeinflussen nicht nur die Welt, sondern auch uns selbst. Solange wir das Wort nicht gesprochen haben, herrschen wir über es. Wenn wir es ausgesprochen haben, herrscht es über uns. Der Weg des Verzichts auf negative Einflüsse und der Vermeidung von schädlichen Energiezonen bedeutet oft, ein Opfer zu bringen. Und mit dem „Blut" dieses Opfers kennzeichnen wir unsere Türpfosten der Seele. Ein Opfer zu bringen ist niemals leicht. Aber es kann uns vor dem Todesengel schützen.

Überlegen Sie sich, was Sie im Leben gerne tun, obwohl Ihnen die negativen Folgen dieses Handelns bewusst sind. Denken Sie über Bilder der Gewalt nach, die Sie vor Jahren vielleicht schon in einem Thriller gesehen haben und die bis heute in Ihrem Bewusstsein gespeichert sind. Denken Sie über Ihre Worte nach, und wie Sie es vielleicht manchmal bereuen, nur ein Wort zu viel gesagt zu haben. Denken Sie über Informationen oder Musik nach, die Ihre innere Ruhe zerstört und Sie aggressiv gemacht haben. Meditieren Sie über den heutigen Tag und beschließen Sie, heute Ihre Sinnesorgane vor schädlicher Energie und unguten Einflüssen zu schützen. Überlegen Sie, was für ein Opfer Sie bringen können (beispielsweise auf wahlloses Fernsehen oder Musikhören zu verzichten), um nur positive Energie, Bilder, Gedanken und Worte in Ihre Seele einzulassen und der Welt dasselbe zurückzugeben. Tun Sie das.

HAUPTMEDITATION

„Dein Wille geschehe, wie im Himmel so auf Erden"

Jeder Mensch, der das Vaterunser ernst nimmt, wird wahrscheinlich erst eine Weile überlegen, ob er diese Worte tatsächlich aussprechen will. Denn man betet nicht, dass der Wille Gottes im Leben eines Nachbarn, in Afrika oder Südamerika geschehen soll, sondern im eigenen Leben. Und nicht nur das – ich erkläre mich damit bereit, den Willen Gottes zu erfüllen. Ich bin derjenige, der den Willen Gottes geschehen lässt. Und noch mehr – ich erkläre Gottes Willen zu meinem eigenen. Wenn in unserer Meditation des Tages 3 „mein Reich" dem Reich Gottes Platz machen sollte, so gelange ich in der heutigen Meditation auf eine noch höhere Stufe. Denn ich kann dem Reich Gottes Platz einräumen und dabei trotzdem von meinem eigenen Wünschen und Wollen erfüllt sein. Mit „Dein Wille geschehe" aber liefere ich mich der göttlichen Führung ganz aus. Ich befreie mich von den Bildern, die ich mir gemacht habe – wer ich bin, wie ich leben soll, wohin ich in zwei Jahren umziehen werde, wo ich arbeiten will und wie mein Leben aussehen wird, wenn ich achtzig Jahre alt sein werde. Ich entsage damit auch den Erwartungen, die ich immerzu an mich selbst und an andere Menschen in meiner Umgebung richte. „Habe keine Erwartungen", schrieb Charles G. Spurgeon, „und du wirst nie enttäuscht werden." Ich lasse mich stattdessen überraschen, was Gott und das Leben für mich vorbereitet haben. Das heißt natürlich nicht, dass ich mir jetzt nichts mehr wünschen darf und dass ich einfach passiv dasitze und auf eine Email vom Himmel warte. Nein, es bedeutet nur die Herausforderung anzunehmen, immer und unter allen Umständen offen, wach und aufmerksam zu bleiben. Es heißt, mich selbst und mein Leben nicht in meine eigenen Vorstellungen einzusperren, sondern immer für eine neue und völlig unerwartete Wende bereit zu sein.

Das verlangt sehr viel Vertrauen. Und dabei handelt es sich nicht um das Vertrauen, das wir einem Kellner schenken, der uns keinen Tee bringen soll, wenn wir Kaffee bestellt haben. Nein, ich überliefere mich dem Fluss des Lebens.

Ich gebe meinen Stolz auf, alles besser zu wissen und zu können. Statt die ganze Zeit gegen den göttlichen Strom zu kämpfen, finde ich Ruhe in der Hingabe und im Vertrauen auf die göttliche Führung, ja, auf den göttlichen Plan für mein Leben. Und ich lasse den göttlichen Willen hier und jetzt, an diesem Ort und zu dieser Stunde in meinem Leben geschehen. Ich vertraue dem Leben, denn das Leben macht keine Fehler. Statt den Umständen, in denen ich gerade bin, zu widerstehen, werde ich sie als meine Freunde und als Botschaften Gottes einladen und fragen, was sie mir zu sagen haben. Der Wille Gottes bedeutet nicht, wie die meisten Menschen es sich vorstellen, eine Reihe von Anordnungen des himmlischen Diktators. Der Wille Gottes ist die Stimme meines Herzens, die mich zu meiner persönlichen Entfaltung, Verwirklichung und Erlösung ruft und leider viel zu oft überhört, ignoriert oder vernachlässigt wird. Sich dem göttlichen Willen zu übergeben heißt deswegen, damit aufzuhören sich selbst zu bekämpfen. Es heißt, sich mit sich selbst zu versöhnen und sich zu erlauben, ein Mensch zu sein: Das, was ich in meinem Inneren schon bin – erleuchtet, erlöst und geheilt.

Schauen Sie tief in Ihr Herz und hören Sie auf Ihre innere Stimme. Wohin ruft sie Sie? Was sagt sie? Meditieren Sie und fragen Sie sich selbst: Warum ignorieren Sie Ihre Herzensstimme? Wenn Sie zu dem Ergebnis kommen sollten, dass Angst Sie hindert Ihrer Stimme zu folgen, denken Sie darüber nach, wie oft Sie schon von den anderen Stimmen, denen Sie gehorchten, enttäuscht und verraten wurden. Sie haben das überlebt. Also, vielleicht lohnt es sich, dem göttlichen ersten Schritt Ihrer Seele einmal eine Chance zu geben? Schreiben Sie Ihre Gedanken dazu in Ihr Tagebuch.

SCHLUSSMEDITATION

Das vierte Gebot

Du sollst Vater und Mutter ehren.

Unsere Eltern sind die „Tür", durch die wir in die physische Welt, in der wir leben, gelangt sind. Sie zu „ehren" bedeutet gleichzeitig, mit unserem Anfang und unserer Aufgabe in diesem Leben versöhnt und einverstanden zu sein. Die Eltern bringen die Kinder nicht nur in die Welt, sondern sorgen auch dafür, dass sie einen Rucksack der karmischen Erfahrungen auf den Weg mitbekommen, den sie früher oder später auspacken und bearbeiten müssen. Das ist die kosmische „Hausarbeit", welche jeder von uns auf dieser Erde erledigen muss. Es ist bemerkenswert, dass das vierte Gebot sich eben mit „ehren" und nicht etwa mit „lieben", „um sie kümmern" oder „ihnen vertrauen" beschäftigt. Das Gebot lautet auch nicht: „Du sollst deine Eltern nicht hassen" oder „Du sollst immer bei deinen Eltern bleiben". Ganz im Gegenteil, die Bibel sagt, dass der Mensch sich von seinen Eltern lösen muss, um erwachsen zu werden: „Darum verlässt der Mann Vater und Mutter und bindet sich an seine Frau und sie werden ein Fleisch" (Genesis, 2, 24). Die Eltern zu ehren heißt, mit meiner Aufgabe in diesem Leben einverstanden zu sein, mich so, wie ich bin, zu akzeptieren und bereit zu sein, den göttlichen Plan zu erfüllen. Auf diese Weise ist das vierte Gebot direkt mit der mystischen „Tür" und dem Willen Gottes in unserem Leben verbunden. Der Weg des „Dein Wille geschehe" beginnt mit der Versöhnung mit meinem Ursprung.

Was für ein Verhältnis haben Sie zu Ihren Eltern? „Ehren" Sie sie als Vermittler des göttlichen Auftrags für Ihr Leben? Wenn ja, werden Sie mit Ihrer Aufgabe keine großen Schwierigkeiten haben. Wenn nicht, arbeiten Sie lieber sofort darauf hin, sich mit Ihrem Ursprung zu versöhnen. Es ist nur eine Aufgabe und bedeutet weder Segen noch Fluch.

TAG 5

VORBEREITUNGSMEDITATION

Der Buchstabe „Hey"

Der Buchstabe Hey hat den Wert 5 und ist sowohl zweiter als auch vierter Buchstabe des göttlichen Namens JAHWE (Jud Hey Waw Hey). Hey wird mit Hilfe zweier Buchstaben gebildet, mit Dalet und Jud, was zusammen die Zahl 14 ergibt – der Tag (der 14. Nissan), an dem der Exodus der Israeliten begann und die Rettung der Israeliten unter Königin Ester erfolgte. Dieser Buchstabe ist das Symbol für die geheime Pforte, die am Anfang des Weges zum Baum des Lebens steht. Während die erste Tür (über die wir am vierten Tag meditierten) von uns selbst geöffnet werden muss, kann die „zweite" Tür nur von Gott selbst aufgetan werden. Dalet ist die Tür und Jud (Gott) ist der Schlüssel, der sie öffnet. Sie verschließt den Eingang ins Paradies, in die Gemächer des großen Königs. Ein Eindringen ohne persönliche Einladung wurde hier noch nie ungestraft hingenommen. Zahllose Menschen versuchten bereits, diese Tür zu öffnen. Viele Kabbalisten machten diese Aufgabe zu ihrem Lebensziel. Aber nur den wenigsten ist es gelungen, die „geheime Schwelle" zu überschreiten. Die großen Meister der jüdischen Mystik haben auch immer wieder davor gewarnt, diese Tür ohne eine Einladung öffnen zu wollen. „Hey" lehrt uns den Respekt vor dem Geheimnis Gottes. Alles, was wir tun können, wenn wir diese Tür erreicht haben, ist, dort zu warten, bis sie für uns geöffnet wird und wir an den „Tisch" des Königs geladen werden. Wir sollen lernen, mit der Offenbarung, die uns schon gegeben wurde, zufrieden zu sein – und auf größere Offenbarungen demütig zu warten. Diese Tür wird für uns geöffnet werden, wenn wir bereit sind – aber nicht vorher. An dieser Stelle wollen wir aufhören, an die „geschlossene Tür" zu klopfen, und stattdessen für alles, was uns bis jetzt gegeben wurde, dankbar sein.

„Hey" steht für absolute Transzendenz und spirituelle Entwicklung. Wir haben schon gesehen, dass der Buchstabe Hey im Namen Gottes zwei Mal zu finden ist. Das erste Mal als Symbol für Christus. Das zweite Mal als Symbol für Gott den Vater. Der Heilige Geist verbindet die zwei Pforten und führt uns vom einen zum anderen. Durch Christus haben wir die Möglichkeit erhalten, die erste Schwelle zu überwinden. Durch die mystische Kraft, die wir beispielsweise in der Wandlung erfahren, durch ein immer wachsendes und unser Leben veränderndes Christusbewusstsein und dadurch, dass wir das Göttliche in uns immer stärker hervorrufen, gelangen wir in den Bereich zwischen den „zwei Türen". Dies ist der Raum für unser spirituelles Wachstum. Doch nur, wenn nicht mehr ich, sondern Christus in mir lebt, bin ich bereit, an die zweite Tür zu klopfen. Sie führt mich nämlich direkt an die Quelle – um dorthin zu gelangen, muss ich zuvor richtig geformt sein. Die berühmten Worte Jesu Christi über die Hochzeit des Königs können uns als Beispiel dienen, um diese Lehre zu verstehen: Unter allen Eingeladenen fand sich ein Mann, der keine Hochzeitskleider trug (Mt. 22, 8). Bevor ich dem König begegne, muss ich dafür sorgen, dass meine Seele mit ihm „kompatibel" ist – sonst wird sie als ein „Fremdkörper" wieder entfernt. Nur wenn ich die Natur Gottes in mir leben lasse, werde ich mit meiner Quelle wieder vereint. Diesen Zustand nennt man „Paradies" – das ist die absolute

Einheit mit Gott: Wir vermischen uns mit Gott, lösen uns in Gott auf. Der Buchstabe Hey lehrt uns, uns auf unseren Ursprung zu konzentrieren und in unserer Seele die Sehnsucht nach ihrem kosmischen Zuhause zu wecken. Was wird mein nächster Schritt sein, um mich näher an mein Ziel zu bringen – um mit Gott eins zu werden?

HAUPTMEDITATION

„Unser tägliches Brot gib uns heute"

So schnell wir auch unser Ziel erreichen möchten, das Besondere des spirituellen Pfades liegt darin, dass es keine Abkürzungen gibt. Auch wenn es uns gelingt, eine Phase oder Erfahrung zu „überspringen", werden wir uns doch früher oder später an denselben Ort zurückversetzt finden und müssen den Abschnitt wiederholen. Der „kürzeste" Weg ist darum, unsere Lektion von heute eben auch heute zu lernen. Wir leben in einer Zeit, in der der Gegenwart so gut wie keine Achtung mehr beigemessen wird. In unserer „zukunftsorientierten" Gesellschaft verfallen wir in pragmatisches Denken, für das nur die Vergangenheit und die Zukunft noch Bedeutung haben. Wir studieren heute, damit wir morgen eine gute Arbeitsstelle haben. Wir arbeiten heute, damit wir morgen eine Förderung bekommen. Wir verdienen heute Geld, damit wir uns morgen etwas Neues kaufen können. Wir sammeln heute, damit wir morgen keinen

Mangel haben. In dieser Matrix wird uns jedoch das Allerwertvollste gestohlen – das Jetzt. Wir jagen der Zukunft nach und übersehen den Segen der Gegenwart. Wir fliegen einfach an ihm vorbei. Auf dem Pfad des spirituellen Wachstums werden wir jedoch nur mit dem „Hier und Jetzt" konfrontiert. Alles andere existiert nicht. Wir sind aufgefordert, mit einem wachen Bewusstsein zu leben. Und wenn außer „jetzt" nichts existiert, dann benötigen wir auch nur jene Dinge, die für diesen aktuellen Moment wichtig sind. „Unser tägliches Brot gib uns heute" bedeutet nicht nur die Bitte, dass wir heute genug für unsere physische und spirituelle Erhaltung bekommen. Es ist eine Bitte darum, dass wir das „Brot" von heute nicht übersehen, sondern es wahrnehmen. „Öffne meine Augen, dass ich Deinen Segen hier und jetzt sehen kann", könnten wir auch beten. Wir haben ohnehin keine Kontrolle über die Zukunft – auch wenn wir uns darüber Sorgen machen. Das Morgen loszulassen ist wohl der sicherste Weg, unsere Zukunft in einen Segen und nicht in eine Enttäuschung zu verwandeln.

„Das tägliche Brot" ist eine Übung des Vertrauens. Wenn mir heute alles, was ich zum Leben brauche, gegeben wurde, dann kann ich dem

Universum auch vertrauen, dass morgen ebenso alles Lebensnotwendige vorhanden sein wird. Auf diese Weise befreien wir uns von unnötigem Kummer. Wir befreien unsere Energie und haben die Möglichkeit, sie mit einer viel größeren Kraft zu lenken und zu kanalisieren. Schließen Sie eine Glühbirne an eine Batterie an – sie wird mit voller Kraft brennen und Ihnen Licht schenken. Schließen Sie dann an dieselbe Energiequelle weitere Glühbirnen an – das Licht jeder einzelnen wird viel schwächer leuchten. Dasselbe geschieht mit unserer zerstreuten Gedankenkraft. Würden wir uns ungestört auf unsere wahren Ziele konzentrieren, könnten wir diese Ziele viel schneller erreichen. Sich um den noch nicht existierenden morgigen Tag zu sorgen, bringt sowieso keinen Nutzen – denn wir können einerseits nicht wissen, was in der nächsten Stunde passieren wird, und andererseits werden wir den gegebenen Moment ganz präsent und wach erleben – egal, was wir tun.

Verbringen Sie eine Weile in der Meditation und denken Sie über Ihr Leben nach. Sie haben bestimmt schon unzählige schwierige und unerwartete Situationen erlebt. Aber Sie haben sie alle durchstanden – sonst wären Sie jetzt nicht in der Lage, diese Worte zu lesen. Erinnern Sie sich, dass Hilfe manchmal von völlig unerwarteter Seite kam? Sie haben es geschafft. Plötzlich wurden Ihnen neue Türen geöffnet, neue Wege sichtbar. Wenn Sie es bis jetzt geschafft haben, werden Sie es auch weiterhin schaffen. Haben Sie Vertrauen in die Zukunft. Bleiben Sie präsent im Jetzt.

Wir sollten lernen, uns auf das Hier und Jetzt zu konzentrieren und uns über das Hier und Jetzt zu freuen. Wenn Gott heute für uns gesorgt hat, wird er auch morgen für uns sorgen. Deswegen will ich heute das behalten, was ich heute brauche, und von dem Rest kann ich mich befreien. Das bedeutet eine ständige Auseinandersetzung, ein ständiges Eintreten für ein spirituelles Feng Shui, indem ich mich von unnötigem Besitz befreie, der mir im Grunde dauernd Energie raubt, aber auch von destruktiven Gefühlen und Anregungen. In meinem Leben sollte ich zwischen jenen Sachen unterscheiden können, die ich gerne besitzen will, und jenen, die ich wirklich brauche. Einige buddhistische Schulen verbieten den Besitz von Objekten, die man länger als dreißig Tage nicht gebraucht hat und auch phasenweise nicht regelmäßig benutzen will. (Eine Winterjacke, die im Sommer nicht benötigt wird, aber für die Wintermonate unerlässlich ist, wäre zum Beispiel die Ausnahme. Dagegen ist ein Hemd, das ich täglich benutzen kann, aber einen Monat im Schrank liegen lasse, etwas, wovon ich mich trennen sollte.) Solche Sachen rauben nur unsere Energie und sammeln Staub in unseren Wohnungen. Materieller Besitz füllt nicht nur unsere Umzugskisten, er wird auch von unserem Geist überall mit hingeschleppt. Je leichter unser Bündel, desto angenehmer wird auch unsere Reise sein. Je mehr wir uns von unnötigen Dingen befreien, desto mehr Platz schaffen wir – nicht nur in unserer Wohnung, sondern auch in unserer Seele – für die neuen wertvollen Erfahrungen und Geschenke des Universums.

„Das tägliche Brot" ist auch eine Übung in Dankbarkeit. Viel zu oft richten wir unseren Blick auf das, was uns fehlt, statt zu sehen, was wir schon haben. Wir vergleichen uns mit anderen Menschen, die ein größeres Auto, ein schöneres Haus, teurere Möbel und bessere Kleider besitzen oder erfolgreicher in ihrer Karriere sind. Der spirituelle Pfad ist jedoch ein Pfad der tiefen Dankbarkeit. Er gibt die Freiheit, das zu sein, was ich bin, und damit zufrieden zu sein, was ich habe. Dankbarkeit ist das wirksamste Heilmittel, um von dem unersättlichen Trieb, immer mehr besitzen zu wollen, abzulassen und in den strömenden Fluss von Gottes Segen einzutauchen. Sind Sie nicht dankbar, dass Sie leben? Dass Sie atmen können? Dass Sie Ihre Glieder bewegen können? Dass Ihr Körper so wunderschön konstruiert ist? Sind Sie nicht dankbar, dass es Menschen gibt, die Sie lieben und die Ihre Liebe erwidern? Dass Sie ein Dach über Ihrem Kopf haben? Dass die Sonne scheint oder dass es regnet? Dass Sie die Pflanzen wachsen sehen, an den Blumen riechen können und die Vögel singen hören dürfen und das alles gratis? Es gibt so viele Gründe dankbar zu sein, dass, wenn Sie nur erst anfangen würden, Sie Ihre ganze Zeit damit verbringen könnten! Schreiben Sie spontan zehn Dinge auf, für die Sie in diesem Moment dankbar sein können. Meditieren Sie darüber. Haben Sie Ihr „tägliches Brot" heute erhalten? Sagen Sie einfach: „Danke schön!"

SCHLUSSMEDITATION

Das fünfte Gebot

Du sollst nicht töten.

Die meisten Menschen verstehen unter „Töten", jemandem sein physisches Leben zu nehmen. In spiritueller Hinsicht aber können unsere Worte und Gedanken ebenso sicher töten wie das Messer oder eine Kugel. Bei weitem mehr Menschen sind schon Neid, Hass und der bösen Zunge zum Opfer gefallen als allen Kriegen der menschlichen Geschichte. Zu „töten" bedeutet, „ein Leben zu zerstören". Das 20. Jahrhundert war die Zeit der Konkurrenz. Der Stärkste gewinnt. Nun, wenn ich gewinnen will, muss ich unbedingt jemand anderen zu Fall bringen. So funktionieren jedenfalls Wirtschaft, Politik und die organisierten Religionen. In der spirituellen Welt gelten jedoch völlig andere Gesetze. In Wirklichkeit füge ich mir durch meine destruktive Kraft viel mehr Schaden zu als meinem Opfer.

Ich kann nicht eine Schöpfung Gottes verletzen, ohne mich gleichzeitig auch selbst zu verletzen. Alles, was ich tue, sage und denke, fällt nach dem Gesetz der Resonanz wieder auf mich zurück. Es ist ein Bumerang-Effekt – oder einfach: das Prinzip von Ursache und Wirkung. Unzufriedenheit und Undankbarkeit sind die zwei Schwestern, die unseren Wein des Lebens vergiften und uns immer wieder auf den selbst-destruktiven Pfad lenken. Ihre Kinder, die meistens die Ursachen für eine zerstörerische Handlung sind, heißen Neid, Angst und Stolz. Das Gebot: „Du sollst nicht töten" bedeutet vor allem: „Du sollst dich selbst nicht töten". In der Tat ist es so, dass wenn wir nur zufrieden sein könnten mit unserem „täglichen Brot", keine Schöpfung Gottes in unserer Welt mehr unseretwegen leiden müsste – und folglich auch wir nicht. „Das tägliche Brot" ist unser Gegenmittel gegen den giftigen Bissen von Geiz und Begierde. Geiz ist nicht „geil", wie die Werbung es propagiert, nein, Geiz ist zerstörerisch und gefährlich. Töten Sie sich nicht selbst, indem Sie anderen Schmerzen zufügen. Der spirituelle Weg ist ein Weg der leeren Hand. Der Weg einer befreienden Existenz, in der Sie einfach glücklich sein dürfen und nichts mehr verteidigen müssen.

Meditieren Sie über das fünfte Gebot. Legen Sie Ihre „Waffen" nieder. Beobachten Sie sich an diesem Tag und lassen Sie keinen negativen Gedanken über andere Menschen in Ihrem Herzen Wurzel schlagen.

TAG 6

VORBEREITUNGSMEDITATION

Der Buchstabe „Waw"

Der Buchstabe Waw hat den Wert 6 und erscheint als dritter Buchstabe des göttlichen Namens Jahwe. Waw ist ein Symbol der Männlichkeit, der männlichen sexuellen Energie und des Menschen. Waw stellt auch ein Medium dar, einen Kanal, der den Himmel und die Erde miteinander verbindet. In sich selbst leer (denn dieser Buchstabe ist nichts anderes als ein Strich) hat Waw ein Potenzial, mit allem erfüllt zu werden und durch sich jede Energie weiter zu leiten. Und die Zahl Sechs ist die Zahl des Menschen. Wir sind alle mit dem Konzept der apokalyptischen Bestien aus der Offenbarung des Johannes vertraut – ihre Zahl ist „666" – oder drei mal der Waw. Zu Beginn unserer Übungen haben wir über das dreidimensionale Modell der Welt und des Menschen meditiert. Der Mensch besteht aus dem Körper (Wert 6), der Seele (Wert 7) und dem Geist (Wert 8). Drei mal die Sechs bedeutet, den Menschen nur auf den

Körper zu reduzieren und seine dreidimensionale, nach dem Bild Gottes geschaffene Natur ins Eindimensionale zu degradieren.

Der Mensch ist ein Gefäß und kann von verschiedensten Kräften erfüllt werden – positiven wie auch negativen. Negative Kräfte werden in der Religion oft Dämonen genannt. Eines ist gewiss – die Energie, die in uns lebt, hat eine viel größere Macht über uns, als wir es uns vorstellen. Haben Sie schon einmal versucht, eine unerwünschte Gewohnheit zu durchbrechen? Mussten auch Sie schon gelegentlich seufzen und wie der Apostel Paulus sagen: „Das Gute, was ich tun will, tue ich nicht. Und das Böse, was ich nicht tun will, tue ich"? Haben Sie manches Mal beschlossen, sich nicht zu ärgern, sondern ruhig und gelassen zu bleiben, und haben es nicht geschafft? Oder vielleicht haben Sie sich vorgenommen, etwas nicht zu kaufen, aber der Versuchung doch nicht widerstehen können? Oder wollten Sie die Meditations- und Gebetsstunde einhalten und sind trotzdem immer wieder davon abgekommen? Wenn ja, dann wissen Sie genau, wovon ich spreche. Die negativen Kräfte, die in uns eindringen und Wurzel fassen, dulden keinen

Widerstand. Manchmal schlagen sie derart starke Wurzeln, dass der Mensch in früherer Zeit als „besessen" galt und gelegentlich sogar Exorzisten zu Hilfe nahm. Schritt für Schritt lähmen diese Kräfte unser spirituelles Leben, sie machen uns träge, müde und faul und lenken uns immerzu von unseren spirituellen Aufgaben ab. Das ist die schlechte Nachricht. Die gute Nachricht lautet, dass wir selbst entscheiden können, womit wir das Gefäß unserer Seele füllen wollen und welche Energie durch uns in die Welt einfließen soll. Wenn wir mit dem Geist Gottes – der positiven, konstruktiven und heilenden Energie – angefüllt sind, werden wir auf uns selbst und ganz natürlich auch auf unsere Umgebung Segen und Heilung ausstrahlen. Wenn wir von einer destruktiven, giftigen Kraft erfüllt sind, werden wir umgehend Fluch und Krankheit verbreiten, wo immer wir sind und was immer wir tun. Und das, was mich erfüllt, das, was ich wirklich bin, ist natürlich auch mein Gebet.

Wie möchten Sie Ihr Leben und die Welt, in der Sie leben, am liebsten sehen? Das hängt völlig von Ihnen ab! Sie sind der Buchstabe Waw – Sie sind das Gefäß und der Kanal. Lassen Sie sich mit der positiven und heilenden Energie anfüllen und lassen Sie diese Energie durch Sie fließen. Meditieren Sie über den Buchstaben Waw. Spüren Sie Ihre Energie, Ihre Impulse, beobachten Sie Ihre Gedanken. Notieren Sie, welche Quellen Sie in Ihrer Seele gefunden haben. Verpflichten Sie sich, die negative Energie täglich durch die positive zu ersetzen – damit Ihr Kanal nie leer werden kann. Entscheiden Sie, welche Kräfte Ihr Leben, Ihre Familie, Ihr Zuhause und Ihre Umgebung beeinflussen dürfen. Denken Sie daran, dass Sie der Vermittler dieser Kräfte sind und schreiben Sie Ihre Gedanken dazu auf.

HAUPTMEDITATION

„Vergib uns unsere Schuld, wie auch wir vergeben unseren Schuldigern"

Nur den wenigsten Menschen ist es gelungen, zum reinsten Kanal von Segen, Liebe und Heilung zu werden. Die meisten von uns werden immer immer unterschiedliche Energieströmungen in sich entdecken – positive wie negative. Die negative Energie schadet uns selbst, den Menschen, die wir verletzen, und der Welt, die wir damit zerstören. Wir müssen uns immer wieder reinigen. Jesus Christus hat uns mit dem sechsten Satz des Vaterunsers den Weg dazu gezeigt. Diese Worte haben eine enorme Kraft und geben uns eine unglaubliche Freiheit. Denken Sie nur – Ihnen wird vergeben, genau so wie Sie den anderen Menschen vergeben. Es hängt ganz von Ihnen ab. Ist das nicht wunderschön? Der Schüssel zu Vergebung und Heilung liegt in unserer Hand! Ich persönlich darf entscheiden, was und wie mir vergeben werden soll. Das ist erstaunlich: Dass die Vergebung weder von der Beichte (die eine sehr wichtige psychologische und heilende Wirkung haben kann, wenn wir sie als Sakrament empfangen) noch von der Entscheidung abhängt, nicht mehr zu sündigen. (Es ist dennoch zweifellos eine sehr noble Sache, keine weiteren Zerstörungen und Verletzungen in die Welt bringen zu wollen. Wissen Sie noch? Wenn wir andere Menschen verletzen, verletzen wir uns damit selbst.) Jesus hat nicht gelehrt, dass unsere Verfehlungen uns vergeben werden, wenn wir am Sakrament der Beichte teilnehmen noch wenn wir uns von unseren Sünden radikal abkehren und ein neues Leben beginnen. Sondern, wenn wir den anderen vergeben. Welch eine erstaunlich einfache und kraftvolle Lehre. Und warum ist das so? Weil ich mit meiner Vergebung den giftigen Kreislauf unterbreche und Platz schaffe für die heilende Energie. Wenn ich mich verletzt fühle und mich immerfort damit beschäftige, füttere ich das Böse, ich lasse es wachsen und verbreite es unbewusst und stecke damit andere Menschen und schließlich die Welt an. Ich bin dann nicht länger der Verletzte, sondern der Verbreiter der Verletzungen. Sobald ich verzeihe, werde ich spontan zum Ort des Heils für mich selbst und für die Welt. Mir wird verziehen, denn die negative

Energie der Zerstörung hat keine Gewalt mehr über mich – Verzeihen ist nichts anderes als die Heilung selbst.

Meditieren Sie an dieser Stelle über diese erstaunliche Macht, die Ihnen verliehen wurde – von all Ihren Schulden restlos befreit zu werden! Jetzt analysieren Sie sich selbst: Schauen Sie tief in Ihre Seele und suchen Sie die bittern Quellen auf, die Ihr Leben und die Welt zerstören und vergiften, die immer aufs neue Salz in Ihre Wunden streuen und Heilung verhindern – all die Verletzungen, die andere Menschen Ihnen zugefügt haben, der ganze Schmerz, die Enttäuschungen, das Gefühl, ungerecht behandelt zu werden – alles, was Ihnen den inneren Frieden raubt, Sie aggressiv macht (denn vom Opfer zum Täter ist es oft nur ein Schritt) oder selbstmitleidig. Wäre es nicht schön, sich von dieser Bitterkeit zu befreien? Verzeihen Sie! Damit öffnen Sie die Pforte des Friedens und des Heils – für sich selbst und für die anderen. Und außerdem erwartet Sie noch ein Bonus: Ihre Schuld wird Ihnen vergeben.

SCHLUSSMEDITATION

Das sechste Gebot

Du sollst nicht ehebrechen.

Eine Ehe ist nicht nur ein Sakrament der physischen Vereinigung zwischen Mann und Frau. Sie ist ein Symbol für Einheit und Harmonie von mehreren miteinander kompatiblen, aber nicht gleichen, völlig selbständigen Elementen. Demnach ist ein Ehebruch nicht ausschließlich eine sexuelle Handlung, die selbstverständlich die Harmonie und Einheit zwischen den Eheleuten zerstört. Das Sakrament der Ehe beruht auf einer gegenseitigen Zusage, Verpflichtung und Entscheidung – aus mehreren Elementen eine Ganzheit zu erzeugen. Der spirituelle Weg beginnt mit einer Versöhnung der drei Dimensionen des Menschen – Körper, Seele und Geist werden in einer mystischen „Ehe" miteinander vereint, in der sie harmonisch zusammen arbeiten, um das ultimative Ziel des Leben zu erreichen. Wenn eines der drei sich an ein fremdes Element bindet, begeht man damit zuerst einen spirituellen Ehebruch gegen sich selbst – beispielsweise wenn wir unserem Körper zu viel Zeit widmen und dabei Seele und Geist vernachlässigen oder wenn wir unserer physischen Nahrung zu viel Bedeutung beimessen, während die spirituelle Nahrung außer Acht bleibt. Dasselbe gilt auch, wenn wir uns umgekehrt gar zu eifrig der spirituellen Übung widmen und dabei unseren Körper – den Tempel des lebendigen Gottes – vergessen. Das Resultat ist immer das gleiche – eine Krankheit, ob nun physisch oder geistig. Meditieren Sie an dieser Stelle darüber, ob und welchen „fremden" Elementen Sie erlauben, die Harmonie zwischen Ihrem Körper, Ihrer Seele und Ihrem Geist zu gefährden. Schreiben Sie sie in Ihr Notizbuch.

Der zweite Schritt ist die mystische Ehe zwischen Mensch und Gott. Ein spirituelles Leben ist nichts anderes als eine Liebesbeziehung mit Gott. Sie besteht aus Leidenschaft, Sehnsucht und andauernder Kommunikation. Wir sind eingeladen, uns mit Gott und dem Universum zu verschmelzen und ganz eins zu werden. Diese Beziehung beruht ebenfalls auf einer gegenseitigen Entscheidung,

Verpflichtung und Bejahung. Aber drängen sich uns nicht allzuoft andere Dinge auf, die unsere spirituelle Vereinigung mit Gott gefährden und die Harmonie zerstören? Geben wir diese „Ehe" nicht zu leicht auf und „verlieben" uns in materielle und weltliche Dinge oder lassen uns durch die Begierde und den Geiz von der Quelle des Lebens wegführen? Wenn ja, machen wir uns des spirituellen Ehebruchs schuldig. Meditieren Sie an dieser Stelle. Schreiben Sie auf, welche Dinge in Ihrem Leben zwischen Ihnen und Gott stehen. Was verhindert die Harmonie und was hält Sie von Ihrem Ziel ab?

Dasselbe ist natürlich wahr für die männliche und die weibliche Energie, die zugleich in jedem Menschen fließen. Der Weg der spirituellen Entwicklung verlangt eine harmonische Zusammenarbeit zwischen den beiden. Wir tendieren dazu, nur einen Teil von uns selbst zu bejahen und die anderen Teile (unserer selbst) zu ignorieren. An dieser Stelle sind wir eingeladen, uns als Ganzes zu akzeptieren. Die allererste Erkenntnis auf dem Weg der Erleuchtung gilt nicht dem, was Sie gerne sein wollen, sondern dem, was Sie in diesem Moment tatsächlich sind.

Erst wenn Sie das erkennen, werden Sie in der Lage sein, dem Menschen entgegenzugehen, der Sie gerne werden möchten. Überlegen Sie jetzt, welche Illusionen, Phantasien und Wünsche Sie dazu bewegen, einem Teil von Ihnen „untreu" zu werden. Welche Vorstellungen und Erwartungen gefährden die Harmonie zwischen den wohl polarisierten Kräften, die in Ihnen leben?

Die spirituelle Ehe zwischen mir und mir, mir und Gott und natürlich mir und meinem Partner ist dann harmonisch, wenn ich mich vor unzuträglichen Elementen schütze und die Einheit nicht gefährde. Das erreiche ich, indem ich die richtige Energie in mir erzeuge, sie durch mich fließen lasse und die Heilung fördere, indem ich verzeihe und mir verziehen wird.

TAG 7

 VORBEREITUNGSMEDITATION

Der Buchstabe „Sayin"

Der Buchstabe Sayin hat den Wert 7 und repräsentiert die Transzendenz der Materie. Im Sayin treffen Materie und Geist aufeinander. Deswegen setzt er sich auch aus zwei Buchstaben zusammen – Waw (Wert 6; Symbol: Mensch, Materie, absolute Begrenzung) und Jud (Wert 10; Symbol: Geist, multidimensionale Wirkung Gottes durch die zehn Sefirot, absolute Transzendenz). Die Zahl 7 wird von vielen Menschen als Glückszahl angesehen und das nicht ganz zu Unrecht. Denn sie steht als Zeichen eines vollkommenen, vom Geist Gottes erfüllten menschlichen Lebens. Sie erinnern sich noch – Sie sind ein Gefäß. Was Sie erfüllt, bleibt Ihnen überlassen. Ihre kosmische und karmische Aufgabe ist es jedoch, für den Inhalt, der Sie erfüllt, verantwortlich zu sorgen. Wir alle sind im Leib geboren (6), aber im Laufe unseres Lebens sind wird dazu aufgefordert, die höhere Stufe der spirituellen Transzendenz (7) zu erreichen. Dies wird nur möglich, wenn wir Gott in uns wirken lassen, ihm zunehmend Platz in uns schaffen (indem wir uns reinigen und von den Dingen befreien, die uns zwar erfüllen, aber nicht unserem Wohl dienen und uns näher an unser Ziel bringen) –, so dass der ewige Logos in uns inkarniert wird, uns verwandelt und erleuchtet. Wie der Apostel Paulus es so treffend zum Ausdruck gebracht hat: „So dass nicht mehr ich lebe, sondern Christus lebt in mir".

„Was ist mein Inhalt?", so lautet die Frage, die wir uns notwendig beantworten müssen. Was sind meine verborgenen Gedanken, Gefühle, meine geheimen Sehnsüchte und Ziele? Was füllt mich wirklich an? Was immer für einen Eindruck ich nach außen hin mache, in Wahrheit bin ich doch das, was mich erfüllt. Wir alle wissen, wie oft wir uns täuschen lassen, wenn wir nur auf die Verpackung eines Produktes achten, ohne uns über den Inhalt genau zu vergewissern. Es ist wie mit den „Uncle-Ben's"-Reis-Packungen, auf denen verschiedene leckere Gerichte – mit Fleisch und Gemüse – dargestellt werden. Öffnen wir aber das Paket, finden wir nur eine Tüte Reis. Das Bild auf der Verpackung entspricht nicht ihrem Inhalt. Es zeigt vielmehr eine mögliche Variante, etwas, das wir daraus machen könnten – immer vorausgesetzt, wir haben auch die sonstigen Zutaten, wie Fleisch, Gemüse, Wasser, Olivenöl, Topf, Herd, Messer, Löffel, Salz, Elektrizität oder Feuer. Wenn nicht, stehen wir mit einem Päckchen von trockenem Reis da. Wir alle wollen sichergehen, dass ein Produkt, das wir kaufen, unseren Vorstellungen und Erwartungen möglichst genau entspricht. Die Verpackung, wie schön sie auch sein mag, wird höchstwahrscheinlich sowieso weggeworfen. Der Inhalt bleibt. Der Buchstabe Sayin weist uns darauf hin, dass der göttliche Jud schon da ist für uns – wir müssen ihn aber beanspruchen und durch ihn den Inhalt, der nach unserem Wunsch ist, definieren – das, was und wie genau ich werden möchte. Der Geist Gottes soll uns mehr und mehr erfüllen – aber die Arbeit müssen wir tun.

Deswegen sind Disziplin und Achtsamkeit auf dem Weg der spirituellen Entwicklung die wichtigsten Begleiter und Helfer. Ein jedes, das wir in uns einlassen, schlägt Wurzeln, wächst und gedeiht.

Ein kleiner Gedanke kann zur Obsession führen, ein unbedachtes Wort zum Krieg, ein harmloses Gefühl zu Besessenheit, eine verantwortungslose Tat zu lebenslanger Abhängigkeit. Zu glauben, wir könnten das, was wir provozieren und in uns einladen, kontrollieren, ist hochmütig und in der Regel eine Illusion. Noch einmal denken wir an die Worte Buddhas: „Achte auf deine Gedanken, denn sie werden zu deinen Gefühlen; achte auf deine Gefühle, denn sie werden zu deinen Worten; achte auf deine Worte, denn sie werden zu deinen Taten; achte auf deine Taten, denn sie werden zu deiner Gewohnheit; achte auf deine Gewohnheit, denn sie wird zu deinem Schicksal". Wir dürfen entscheiden, was wir in uns einlassen wollen; das, was uns erfüllen soll, können wir selbst bestimmen. Dann aber wird es uns als Maxime führen und treiben. Der König Salomon schrieb: „Besser, wer sich selbst beherrscht, als wer Städte erobert" (Sprichwörter, 16,32), und Lao Tse hat es ähnlich ausgedrückt: „Wer andere bezwingt, ist kraftvoll; wer sich selbst bezwingt, ist unbezwingbar" (Tao-Te-Ching 33) Für einen durchschnittlichen Menschen bedeutet das eine lebenslange Arbeit. Deswegen wird auch der göttliche Jud am Kopf des menschlichen Waw abgebildet – die Entscheidung, spirituell zu leben und den eigenen Inhalt zu ändern, ist rational und bewusst. Sie hängt nicht ab von unseren flüchtigen Gefühlen oder Inspirationen. Es ist die Entscheidung, spirituell, erleuchtet und mit Gott vereint zu werden.

Meditieren Sie jetzt über Ihre Inhalte – überprüfen Sie sie und hören Sie ihnen genau zu. Machen Sie sich Notizen dazu. Entscheiden Sie sich, an welchem Bereich Ihres Lebens Sie arbeiten möchten. Der Mensch kann nie leer werden – deswegen besteht die einzige Möglichkeit, sich von schädlichen Inhalten zu befreien darin, neue, spirituelle und göttliche Inhalte in sich einzulassen. Überlegen Sie sich, was Sie zuerst in Ihr Leben einladen möchten. Meditieren und beten Sie darüber. Schreiben Sie die Ergebnisse in Ihr Notizbuch.

HAUPTMEDITATION

„Und führe uns nicht in Versuchung"

Wir leben in einer Welt der Versuchung. Sogar wenn wir uns von dieser Welt völlig abgeschieden halten, wartet eine unangenehme Überraschung auf uns: Die Quelle der Versuchung liegt nicht außerhalb, sondern in unserem eigenen Herzen. Wir werden immer wieder von Gedanken, Gefühlen und Sehnsüchten angegriffen. Selbst wenn wir uns von allen äußeren ablenkenden Bildern und Einflüssen befreien, werden wir merken, dass unsere Phantasie stark genug ist, uns alle möglichen neuen destruktiven Vorstellungen zu entwerfen oder die alten zu rekonstruieren. Darin besteht ein ununterbrochener Kampf, der jeden von uns erwartet, der zu Erlösung und Erleuchtung unterwegs ist. Die Gedanken (die die fundamentale Quelle sind – Gefühle, Worte und Taten sind immer die Folge eines Gedankens) unter Kontrolle zu haben, ist die höchste Kunst der Spiritualität. Darin liegt eine Lebensaufgabe, und wir dürfen hoffen, ihr eines Tages gerecht werden zu können.

Vorerst aber noch nicht. Deshalb beten wir: „Führe uns nicht in Versuchung". Diese Worte stellen einen unlösbaren theologischen Konflikt dar – es geht eben um den freien Willen. Und in diesem Kontext ist das uralte jüdische Verständnis des Gebetes besonders wertvoll für uns. Wir können den Versuchungen nicht entfliehen. Aber wir können frei entscheiden, wie wir während und innerhalb der Versuchung handeln. Wofür wir uns entscheiden, liegt allein an uns. Dasselbe gilt in Bezug auf das Karma. Unsere karmische Veranlagung ist zwar da, aber wir können immer entscheiden, wie wir damit umgehen: Ob wir nach dem uns vorgegebenen Muster handeln oder nicht. Die Versuchungen wie auch das Karma bedeuten eine Herausforderung an uns, den magischen Kreis zu durchbrechen, statt in ihm zu verharren und sich darin einzurichten. Es gibt daher keinen Grund, die Versuchungen zu fürchten. Sie gehören zum Leben, und je spiritueller der Mensch wird, desto stärker werden auch seine Versuchungen. Sogar den heiligsten Männern und Frauen Gottes in der

Menschheitsgeschichte blieben Versuchungen nicht erspart. Aber sie haben es gelernt, die für sie richtigen Entscheidungen zu treffen und aktiv umzusetzen. Was man dafür benötigt, ist Entschlossenheit, Sehnsucht und ein tiefes Verlangen nach Gott. Ein Mensch, der zu seiner oder seinem Geliebten will, wird bestimmt auch keinen langen Umweg fahren, unnötig anhalten oder sich ablenken lassen, sondern er konzentriert seine Energie auf das Ziel. Er lenkt seine Kräfte. Dasselbe geschieht, wenn wir an einem für uns wichtigen Projekt arbeiten – wir sind dann in der Lage, viele schlaflose Nächte daran zu setzen, jeder Vergnügung zu entsagen und zahllose Opfer zu bringen, um nicht davon abgebracht zu werden. Denn wir wissen: Nur so erreichen wir das Ziel, nur so werden wir erfolgreich sein. Das gilt natürlich auch für das religiöse Leben. Die großen heiligen und erleuchteten Menschen haben dieselbe Strategie angewendet, die heute von so vielen Eltern gepredigt und an so vielen Hochschulen gelehrt wird – sich auf das Ziel konzentrieren, sich nicht ablenken lassen, fleißig studieren und hart arbeiten – dies ist das Rezept des Erfolgs.

Sicher haben auch Sie in Ihrem Leben schon Erfolge erzielt – ob dies nun Karriere, Studium, Ihr Liebesleben oder einfach Ihr Hobby betraf. Denken Sie darüber nach, wie Sie damals gelebt haben, damit diese Erfolge möglich wurden. Wie konnten Sie Ihre Träume wahr machen? Wieviel Energie, Zeit und Opfer mussten Sie investieren? Jetzt überlegen Sie, wie Ihr spirituelles Leben aussehen könnte, wenn Sie das gleiche Maß an Disziplin, Energie, Eifer, Entschlossenheit, Zielstrebigkeit und Begeisterung daran verwenden würden? Würden Sie da nicht auch jede Versuchung, jeden Einfluss, der Sie zurückhält, Sie hindert, ans Ziel zu kommen, überwinden? Stellen Sie sich vor, wie heute Ihr Leben aussehen würde, wenn Sie Ihre ganze Energie darauf lenken würden, Erleuchtung zu erlangen, in das Geheimnis des Universums eingeweiht zu werden, ein erlöster Mensch und ein Vermittler der Gnade und Heilung Gottes zu sein? Meditieren Sie jetzt über Ihre Versuchungen – haben Sie keine Angst davor. Es sind ja nur die Steine in Ihrem Weg – größere und kleinere, die Sie jederzeit ausräumen können, wenn Sie es nur wollen. Und ich meine wirklich wollen. Führen Sie sich jetzt eine konkrete Versuchung vor Augen, von der Sie wissen, dass sie Ihnen im Weg steht, und die Sie bis jetzt nicht überwinden konnten. Lenken Sie Ihre Kraft und Entschlossenheit darauf. Betrachten Sie diese Versuchung als einen Stein, jetzt heben Sie ihn mental auf und räumen ihn aus dem Weg. Er kann auch wieder zurückrutschen und Sie können wieder über ihn stolpern – sobald das passiert, stehen Sie einfach auf und räumen ihn noch einmal aus dem Weg. Überlegen Sie sich, wie Sie das nächste Mal handeln werden, wenn Sie wieder an diese Versuchung geraten. Schreiben Sie Ihre Gedanken dazu in Ihr Notizbuch.

 SCHLUSSMEDITATION

Das siebte Gebot

Du sollst nicht stehlen.

Stehlen bedeutet keineswegs nur, einen Kugelschreiber aus dem Büro nach Hause mitzunehmen oder den Besitz eines anderen Menschen anzutasten. Wir übertreten dieses Gebot auch, wenn wir anderen die Zeit rauben oder verantwortungslos mit ihrem Gefühl umgehen. Aber auch das nicht nur. Der Mensch kann nicht bloß einer dem anderen etwas stehlen, sondern auch sich selbst. Und das ist wohl das schlimmste, was man sich selber antun kann. Viel zu oft verschwenden wir unsere Zeit, leben in der Zukunft und übersehen den Segen der Gegenwart, vergeuden unsere spirituelle Energie auf Dinge, die wir nicht brauchen und die uns im Weg stehen und daran hindern, unser Ziel zu erreichen. Schlimm ist die Lüge. Aber nichts ist so schlimm, wie sich selbst zu belügen. Schlimm ist Diebstahl. Aber nichts ist so schlimm, wie sich selbst zu bestehlen. Wie viel Zeit haben wir schon in unserem Leben verloren? Wie viele Möglichkeiten nicht genutzt? Wie viel haben wir uns selbst gestohlen? Die Meditation kann uns helfen, wacher zu werden. Das Hier und Jetzt ist das Wertvollste, was uns gegeben wurde. Wir können die Vergangenheit nicht ändern und die Zukunft nicht willkürlich beeinflussen. Aber jetzt, in diesem Augenblick können wir unsere Entscheidungen treffen, unser Leben auf einen neuen Pfad lenken, im Hier und Jetzt können wir unser Schicksal ändern, unser Karma heilen und Erleuchtung erlangen – oder zumindest einen Schritt weiterkommen. Wenn wir es nur tun. Das ist unsere Entscheidung, nämlich wach, präsent und aktiv zu sein. Wenn wir das in diesem Moment schaffen, werden wir es auch im nächsten Moment bleiben. Das Gesetz der Resonanz und das Prinzip von Ursache und Wirkung werden für uns arbeiten und nicht länger gegen uns. Denn sie liegen in unserer Kraft. Meditieren Sie darüber und analysieren Sie Ihr Leben – finden Sie die Bereiche Ihres Lebens auf, derer Sie sich ganz persönlich berauben. Überlegen Sie, wie Sie den angerichteten Schaden wiedergutmachen werden.

Ein anderer Aspekt, der unter die Kategorie „Stehlen" fällt, ist, die Dinge ihres wahren Sinns zu berauben, sie anders zu definieren, als sie sind, sie für einen anderen Zweck zu benutzen als den, für den sie bestimmt sind. Die Religion gehört wohl zu den Dingen, die am meisten missbraucht werden. Noch nie war das Angebot an Varianten, was Religionsströmungen betrifft, so groß wie in unserer Zeit. Jede Gruppierung scheint dabei Anspruch auf die absolute Wahrheit zu erheben und sieht sich gezwungen, immer neue Mitglieder zu werben, um ihre Struktur aufrecht zu erhalten. Oft senkt sie dabei ihre Ansprüche und verrät ihre ursprünglichen Ideale, um sie zugänglich und attraktiver für die Massen zu gestalten. Die Religion wird auf diese Weise zum Zweck, und nicht mehr als Mittel betrachtet. Dabei ist die Religion nichts anderes als eine „Werkzeugkiste" der Seele. Doch Werkzeuge nutzen einem nur dann, wenn man auch mit ihnen arbeitet und sie nicht bloß im Keller aufbewahrt. Die Religion in ihrer ganzen Vielfalt wurde Ihnen als Geschenk gegeben, Ihre Seele zu gestalten und Erleuchtung und Erlösung zu erlangen. Meditieren Sie darüber, was Ihre Religion für Sie persönlich bedeutet. Überlegen Sie sich, wie Sie ihre Schätze aktiv nutzen können. Machen Sie sich einen Plan –

fangen Sie mit ganz kleinen Schritten an und dann gehen Sie einfach immer weiter.

TAG 8

VORBEREITUNGSMEDITATION

Der Buchstabe „Chet"

Der Buchstabe Chet hat den Wert 8. Er steht für die höhere Welt Gottes, der Erzengel und Engel und symbolisiert eine geschlossene, versiegelte Tür. Das hebräische Wort „Chet" bedeutet auch Sünde und gemahnt uns daran, uns zu hüten, die geheime Pforte des Mysteriums ohne eine ausdrückliche Einladung öffnen zu wollen. Die Bibel warnt an zahlreichen Stellen davor, sich ohne notwendige spirituelle Reife in die Welt der hohen Esoterik zu begeben. So lehrten die jüdischen Kabbalisten, man müsse wenigstens dreißig und in manchen Fällen vierzig Jahre alt und verheiratet sein, bevor man sich mit der Geheimlehre des Judentums, der Kabbala, befassen könne. Im Mittelalter war die allgemeine Lebenserwartung nicht so hoch wie heute; implizit rieten die Rabbiner also dazu, die Kabbala erst gegen Ende des Lebens zu studieren. Ein Mensch, der sein Ego nicht vollkommen beherrscht und seine spirituelle Reife noch nicht erreicht hat, kann sehr leicht in Gefahr geraten, die mystische Lehre für seine eigenen egoistischen Zwecken zu missbrauchen – falls er dies tut, überschreitet er damit die feine Grenze zwischen Spiritualität und Magie. Der Unterschied zwischen einer religiös-spirituellen und einer magischen Handlung besteht darin, dass der Mensch sich im ersten Fall als Kanal für die Erfüllung des göttlichen Willens zur Verfügung stellt, im zweiten Fall dagegen versucht, die geistigen Kräfte so zu manipulieren, dass sein eigener Wille erfüllt wird. Ein solcher Mensch dringt in einen ihm verbotenen Bereich ein und es können ihm daraus die schlimmsten karmischen Folgen für sich selber und für den jeweils Betroffenen erwachsen. Nehmen wir an, man betet für einen Kranken und wünscht sehnlich, dass er oder sie geheilt werde. Im ersten Fall wird man jedoch die göttliche Führung letztendlich annehmen und sich mit dem Gedanken trösten, dass diese Krankheit vielleicht einen tieferen Sinn hat und der Betroffene dadurch eine neue Stufe der Erkenntnis erreicht. Vielleicht ist sie als eine Botschaft aufzufassen, die das Leben zu einer Veränderung führen soll. Im zweiten Fall wäre man versucht, die Genesung mit magischen Mitteln zu erzwingen. Als Folge aber wird der betreffende Mensch dasselbe noch einmal durchmachen, er muss die Lektion wiederholen – in derselben oder auch in einer folgenden Inkarnation. Im ersten Fall erfüllt man den göttlichen Willen. Im zweiten Fall begeht man eine Sünde.

Die antiken jüdischen Gelehrten haben jedoch die „Sünde" auf eine Weise begriffen, die sich grundsätzlich von unserem heutigen Verständnis unterscheidet. Während wir im Okzident vor allem die Absicht einer Handlung als eigentliche Sünde werten, ging es jenen immer um die Folgen einer Handlung. Jede Tat ist potenziell gut und gleichzeitig potenziell schlecht und deswegen wird jede Handlung in ihrem Ursprung als neutral angesehen – weder als gut noch als schlecht. Eine scheinbar heilige Tat kann sehr destruktive Folgen haben und eine scheinbar profane Tat kann zum größten Segen werden. „Sünde" ist in diesem Sinne also eine destruktive Handlung. Wir können es manchmal gut meinen und trotzdem wird das, was wir tun, verletzend und zerstörerisch. Die Geschichte liefert uns zahlreiche Beispiele, wie im Namen der Religion die grauenvollsten Verbrechen begangen wurden. Ein Mensch kann sich lebenslang nur mit der Erfüllung seiner religiösen Pflichten beschäftigen und dennoch alles was er macht in eine Sünde verwandeln.

Jesus hat gesagt, dass wir den Baum an seiner Frucht erkennen werden – ein von Gott erfülltes Leben wird die Frucht von Liebe, Barmherzigkeit und Demut tragen. Laden Sie Gott zu jedem Ihrer Gedanken, Ihrer Worte und Handlungen ein, und Sie werden zu einem Vermittler des Lebens und der Heilung. Dies impliziert auch der Buchstabe Chet. Fügen wir den Buchstaben Jud (für die multidimensionale Gegenwart Gottes) hinzu, bekommen wir das Wort „Chai", was „Leben" bedeutet. Mit Gott verschmolzen werden wir über die geheime Schwelle geführt und in das letzte Mysterium eingeweiht – es wird in uns und durch uns wirken – mit Gott vereint sind wir selbst das Mysterium des Lebens.

Meditieren Sie darüber, in welchen Bereichen Ihres Lebens Sie immer noch destruktiv sind. In welchen Bereichen wollen Sie eher eine „schnelle Heilung" erzwingen, statt den Sinn Ihres Leidens zu verstehen, die Botschaft anzunehmen und die richtigen Schlüsse daraus zu ziehen? Machen Sie sich eine Liste. Wählen Sie jetzt einen Bereich aus und meditieren darüber – lassen Sie die positive Energie darin einfließen. Laden Sie den Heiligen Geist dazu ein, Ihre Gedanken, Worte und Taten zu reinigen. Zünden Sie eine Kerze an und lassen Sie das Licht tief in Ihre Seele dringen und sie von innen erstrahlen. Überlegen Sie sich, wie Sie Ihre destruktive Handlung in eine positive verwandeln können. Handeln Sie danach.

HAUPTMEDITATION.

„Sondern erlöse uns von dem Bösen"

Jesus lehrte seine Schüler zu beten, sie von dem Bösen zu erlösen, und nicht, sie von dem Bösen zu befreien. Erlösung hat immer mit einer Gegenleistung zu tun, sie kommt nicht von allein und sie ist nicht umsonst. Eine Befreiung kann eine passive Erfahrung sein – man lässt sich befreien –, Erlösung aber hat ihren Preis. Die biblische Geschichte des Exodus illustriert uns dies sehr schön: Die Israeliten wurden von Gott befreit, sie durften Ägypten verlassen. Aber sie wurden nicht erlöst. Immer aufs Neue rebellierten sie gegen Gott und Moses und mussten letztendlich alle (mit Ausnahme von Josua und Kaleb) in der Wüste sterben. Befreiung ist ein Geschenk. Erlösung ist eine Handlung. Das Böse verschwindet nicht von allein. Es macht uns immer wieder ein Angebot. Manchmal versucht es uns sanft zu überreden, manchmal appelliert es an unser (Selbst-)Mitleid, manchmal droht es uns und manchmal greift es uns geradewegs an. Es redet uns ein, dass wir sowie zu schwach sind, dass wir ohnehin das tun, was es uns nahe legt, dass wir es bisher nie geschafft haben, ihm zu widerstehen. Das Böse will immer neu mit uns verhandeln – unsere Aufgabe besteht darin, uns darauf nicht einzulassen. „Eure Worte sollen ja-ja und nein-nein sein", lehrte Jesus Christus. Die Geschichte der frühen Kirchen- und Wüstenväter ist voll von Erzählungen über den Kampf mit Dämonen, Versuchungen und dem Bösen. Auch im Talmud und in der kabbalistischen Literatur fehlt es uns nicht an Beispielen. Alle großen Heiligen mussten fortwährend kämpfen. Sie hatten die Freiheit bekommen, „nein" zum Bösen zu sagen. Aber damit verschwand es nicht – die Erlösung von dem Bösen mussten sie erkämpfen.

Die Erlösung will immer errungen werden – sie ist die Entsagung zu Gunsten von etwas Höherem. Manchmal besteht sie im Verzicht auf ein Vergnügen, das wir gern genießen würden, das aber moralisch falsch, unverantwortlich oder zerstörerisch ist. Sie kann auch einen Verzicht auf Karriere und mehr Geld bedeuten, wenn dies unsere spirituelle Entwicklung stört und uns daran hindert, unsere wahre Aufgabe im Leben zu erfüllen. Sie kann der Verzicht auf Aktivitäten sein, die unsere Seele vernebeln und unserem Körper schaden. Die Erlösung bedeutet ein Opfer, das wir selbst erbringen müssen. Sie ist die Rechnung, die wir ohnehin bezahlen müssen. Mit den Worten „erlöse uns von dem Bösen" bete ich um die Kraft, dem Bösen „nein" zu entgegnen und den Mut in mir zu finden, dem Bösen zu widerstehen. Wir haben das Geschenk des freien Willens erhalten – wir können unterscheiden und wählen. Keiner von uns würde freiwillig ein schlechtes Produkt kaufen und dafür noch viel Geld ausgeben. Wenn wir aber am Ende sowieso für alles eine Rechnung bekommen, wäre es da nicht klüger, für das Gute statt für das Böse zu bezahlen? In unserer Zeit wird besonders viel davon geredet, was sich lohnt und was nicht. Es lohnt sich durchaus, sich vom Bösen zu erlösen, auch wenn der Preis sehr hoch werden kann und den Verzicht auf zeitliche Genüsse und Vergnügen bedeuten kann.

Überlegen Sie sich, in welchen Bereichen Ihres Lebens das Böse noch dominiert und welches „Lösegeld" Sie dafür geben müssten, um sich von ihm zu erlösen. Was flüstert Ihnen „das Böse" zu, um Sie zu überreden etwas zu tun, von dem Sie wissen, dass es falsch ist? Welche Argumente führt es an? Lassen Sie sich dieses Mal nicht darauf ein. Bezahlen Sie Ihre Rechnung und werden Sie frei und erlöst!

SCHLUSSMEDITATION

Das achte Gebot

*Du sollst nicht falsch
gegen deinen Nächsten aussagen.*

Dieses Gebot beschränkt sich natürlich nicht auf falsche Aussagen vor Gericht oder auf Nachreden (gleich ist dabei, ob positiv oder negativ, solange sie falsch sind) gegenüber einer dritten Person. Ob wir nun jemanden absichtlich klein machen oder jemandem besondere Fähigkeiten zuschreiben, die er nicht besitzt, und diesen Menschen damit erhöhen, wir verstoßen damit gleichermaßen gegen das achte Gebot. Die Lehre, die wir daraus ziehen sollten, ist zuerst einmal, die Menschen so sein zu lassen, wie sie tatsächlich sind – mit ihren Stärken und ihren Schwächen. Wir sollen uns nicht dazu hinreißen lassen, ihre negativen Seiten zu dramatisieren noch ihre positiven Seiten in den Himmel zu heben. Damit ersparen wir uns und den anderen Menschen viele Enttäuschungen und lassen den guten Menschen wirklich groß sein – denn die echte Größe eines Menschen besteht nicht darin, einem falschen Bild zu entsprechen, das andere von ihm gemacht haben und aus dem sie alles Menschliche wegretuschiert haben, sondern darin, dass er so ist, wie er ist. Dieses Gebot fordert uns auf, immer im Jetzt zu bleiben und anderen Menschen zu erlauben, so zu sein, wie sie wirklich sind – mit ihren Siegen und ihren Niederlagen.

Dieses Gebot bezieht sich nicht nur auf meinen Nächsten, sondern im gleichen Maß auf mich selber. Denn ich bin auch mein eigener Nächster. Genauso wie die Bibel mich davor warnt, eine falsche Aussage gegen einen anderen zu machen, soll ich darauf achten, keine falsche Aussage gegen mich selbst zu machen. Hierin finden wir eine Aufforderung zur Selbsterkenntnis. Was rede ich eigentlich über mich selbst? Was glaube ich selbst von mir? Stimmt das wirklich? Wie bin ich wirklich? Wer bin ich? Habe ich den Mut, meine Masken abzulegen und so zu sein, wie ich im Tiefsten wahrhaftig bin? Oder will ich dem Bild genügen, das andere Menschen oder auch ich selbst von mir erstellt haben? Meditieren Sie darüber und versuchen Sie, Ihrem wahren Kern näher zu kommen. Machen Sie keine falsche Aussage gegen sich selbst – der Weg zur ultimativen Veränderung geht durch das Tal der Selbsterkenntnis. Haben Sie den Mut, das zu sein, was Sie wirklich sind, und so werden Sie die Kraft finden, das zu werden, was Sie sein möchten.

TAG 9

VORBEREITUNGSMEDITATION

Der Buchstabe „Tet"

Der Buschstabe Tet hat den Wert 9 und symbolisiert einen Tropfen. In der antiken jüdischen Tradition verweist dieser Buchstabe auf den Samen und wird in eine direkte Verbindung mit den neun Monaten der Schwangerschaft und mit der Geburt gebracht. Dementsprechend ist der Buchstabe Tet das Symbol einer dreifaltigen transzendenten Entwicklung – Befruchtung, Entwicklung und Geburt. Drei Mal die Drei (was neun ergibt) ist die Summa Summarum aller daran beteiligten Elemente, die schließlich zur Geburt führen. Wir sind darin involviert, wir sind die Verursacher, aber was letztendlich geboren wird, ist etwas Neues und gehört uns nicht mehr. Genauso wie ein Kind zwar von seinen Eltern abstammt, ihnen jedoch nicht gehört – denn früher oder später wird es sein Zuhause verlassen und seinen eigenen Weg gehen. „Darum verlässt der Mann Vater und Mutter", heißt es in der Genesis (2, 24) – dies ist die Bedingung für das Erwachsenwerden. Die wichtigste Aufgabe der Eltern besteht darin, ihrem Kind dabei zu helfen, seine einzigartige persönliche Identität zu finden. Sie sollen es fördern, es freilassen und nicht aufhalten, denn das Kind muss seine eigenen Erfahrungen machen.

Die wichtigste Lehre dieser Meditation ist jedoch, ein Bewusstsein für das Gesetz von Ursache und Wirkung zu entwickeln und zu stärken. Mit jedem Gedanken, mit Wort und Tat engagieren wir uns in einem schöpferischen Prozess – wir werden zum Teil einer komplizierten Matrix, die wir mit unserer karmischen Belastung beeinflussen und verändern – wir bringen unsere Vergangenheit und unsere Gegenwart mit, unsere guten und schlechten Erfahrungen, unsere Gefühle und Inspirationen. „Was wollen wir genau erreichen und was müssen wir dafür tun?", so lautet die Frage, die wir uns immer wieder stellen müssen, um unsere Energie, so gut es eben geht, in die positiven Dinge zu investieren. Hierin liegt eine große Verantwortung, der wir uns um unserer selbst willen und um der Prozesse willen, die wir initiieren und die später unvermeidlich eine Frucht tragen werden, immer bewusst bleiben sollten. Wir müssen gewahr sein, was wir säen, wo wir säen und ob das, was wir säen, auch die erwünschte Frucht erzeugen kann. Denn „wer Wind sät, wird Sturm ernten" (Hosea 8, 7). Alles, was wir säen, wird sich auch vermehren – ein kleiner Gedanke kann zur Obsession und unkontrollierbaren Leidenschaft werden oder einen ersten Schritt auf dem Weg zur Heiligkeit bedeuten. Ein Wort kann einen Streit und jahrelange Feindseligkeit entfachen oder einen Heilungsprozess in Gang bringen. Eine Tat kann der Beginn einer Gewohnheit sein, die unser Schicksal verändern wird. Ein indianischer Großvater schilderte seinem Enkelsohn seine Gefühle einmal mit den Worten: „Ich fühle mich, als ob zwei Wölfe in meinem Herzen miteinander kämpfen. Der eine ist grausam, böse und rachsüchtig. Der zweite ist barmherzig und liebevoll." Das Kind fragte: „Welcher wird in deinem Herzen siegen?" Der alte Mann antwortete: „Der, den ich füttere."

Meditieren Sie darüber, was, wo und warum Sie säen. Streuen Sie Ihre Saat mit einem Ziel vor Augen aus oder verschwenden Sie einfach Ihre

Kräfte? Was wollen Sie heute Abend, nächste Woche oder in einem Jahr ernten? Notieren Sie Ihre Gedanken dazu.

Einen Samen zu pflanzen ist nicht genug. Man muss sich auch um ihn kümmern. Der Prozess der Entwicklung soll sich tief in uns ereignen – gerade so wie eine Frau mit einem Kind schwanger geht und innig mit ihm verbunden ist. Sie ist ein Teil des entstehenden Lebens und das Kind ist ein Teil von ihr. Während neun langer Monate sind sie untrennbar. Die Frau schafft in sich den Raum, in dem sich das Mysterium des Lebens einbetten und entwickeln kann. Auch wir müssen einen Raum für unsere Gedanken, Worte, Taten, Träume und Ziele schaffen. Sie werden dort in fruchtbaren Boden gesät und gepflegt, zusammen mit uns wachsen sie und entwickeln sich gemeinsam mit uns.

Die Zahl Neun spielt nicht nur auf einen Prozess an, der etwas radikal Neues entstehen lässt und schließlich in die Welt setzt, sondern auch auf die rechte Zeit dafür. Erst, wenn die Zeit reif ist, wenn die vollen „neun" Monate vergangen sind, kann ein „gesundes Kind" geboren werden. Es gibt keine Möglichkeit, die Zeit zu beschleunigen – dabei würden wir nur das Hier und Jetzt verlieren. Nochmals: Es gibt keine Abkürzungen auf dem spirituellen Weg. Lassen Sie Ihre Gedanken, Träume und Ziele in Ruhe wachsen und versuchen Sie nicht die Früchte frühzeitig zu ernten – Sie würden sie ohnehin nicht gebrauchen können und müssten die ganze Arbeit noch einmal von vorn beginnen. Überlegen Sie sich, ob Sie das, was Sie säen, auch fürsorglich begleiten, eins mit ihm werden, mit ihm zusammen wachsen und geduldig warten, bis die erwünschte Frucht reif ist? Kümmern Sie sich um den Raum, in dem Sie Ihre Träume einpflanzen und pflegen können? Säen Sie mit Ihren Gedanken, Worten und Taten auch viel „Unkraut", das die „guten Pflanzen" in ihrer Entwicklung behindert? Meditieren Sie darüber und schreiben Sie auf, wie Sie den Garten Ihrer Seele in Ordnung bringen könnten.

Wenn die Zeit so weit ist und wir die erhofften Früchte geerntet haben, ist es Zeit sie zu genießen – und sie loszulassen. Das spirituelle Leben ist eine ununterbrochene Bewegung, eine Entdeckungsreise: Wie die Israeliten am Sinai bleiben auch wir in unseren Laubhütten, bis wir unser endgültiges Ziel, das Gelobte Land und die ultimative Vereinigung mit Gott erreicht haben. Doch solange wir noch nicht unseren Fuß auf das jenseitige Ufer des mystischen Jordans gesetzt haben, geht unsere geistige Suche weiter. Die weltlichen Strukturen (und dies ist leider auch wahr für die meisten religiösen Strukturen) bilden sich nach menschlichem Muster – sie werden geboren, entwickelt und irgendwann, wenn alles funktioniert, konserviert. Die Menschen kümmern sich darum, die Struktur zu erhalten, statt sie weiterzuentwickeln. Aber ob sie sich dessen nun bewusst sind oder nicht, dies ist der erste Schritt ihres Sterbens. Die ursprünglichen Ideen sterben und die religiösen Institutionen werden zu seelischen Hospizen. Der Weg der spirituellen Wanderer ist jedoch ein Weg der Unsterblichkeit. Nachdem ein Ziel erreicht wurde, ist der Mensch eingeladen, den geistigen Horizont aufs Neue zu ermessen. „Der Wind weht, wo er will ... So ist es mit jedem, der aus dem Geist geboren ist", sagte Jesus zu Nikodemus (Joh. 3, 8). Spirituelle Beweglichkeit lässt es zu, immer wieder vom Geist ergriffen zu werden – und zwar „wo er will". Zusammen mit Abraham sind wir eingeladen, „unser" Land zu verlassen und ein uns unbekanntes

Terrain zu entdecken. Unsere Religion kann für uns der Schlüssel zur Tür der „himmlischen Stadt" sein, aber die eigentliche Stadt müssen wir selbst erkunden. Die Neugier auf persönliche spirituelle Erfahrungen mit Gott wird uns immer weiter leiten, uns antreiben, die geheimen Ecken zu erforschen, die versteckten Hinterhöfe zu finden, immer neue Schätze aufzuspüren. Die spirituelle Welt kennt keine Grenzen.

Haben Sie ein Problem mit dem Loslassen? Haben Sie Angst, neue Wege zu gehen? Wenn ja, behindern Sie sich damit selbst und auch die Dinge, die Sie schon geboren haben. Haben Sie Vertrauen in Gott und beginnen Sie eine neue spirituelle Reise – ganz gleich, wo Sie sind und wie viel Sie schon erlebt haben und wie komfortabel Sie sich dort, wo Sie sind, auch immer fühlen mögen – es gibt noch mehr zu entdecken. Lassen Sie auch Ihr „Kind" los – sonst wird es sich nie zu seinem vollen Potenzial entfalten können. Meditieren Sie darüber und bewegen Sie Ihre Seele dazu, noch einmal den Koffer zu packen und dem Heiligen Wind (Geist) zu folgen – wohin immer er sie ruft.

HAUPTMEDITATION

„Denn Dein ist das Reich und die Kraft und die Herrlichkeit"

Von unserer Buchstabenmeditation können wir uns übergangslos unserer Hauptmeditation zuwenden – denn sie gründet sich auf dasselbe Prinzip. Auch hier finden wir drei Stufen – das Reich, die Kraft und die Herrlichkeit. Das „Reich" ist, wo wir sind, und die Kraft ist, was wir benötigen, um zur Herrlichkeit zu gelangen. Diese drei Begriffe sind kein „schöner Abschluss" eines Gebets. Vielmehr beruft Jesus sich hier auf die mystische Lehre über die „Zehn Sefirot", die zehn Dimensionen des göttlichen Wirkens, die den jüdischen Mystikern auch als der „Baum des Lebens" geläufig sind. „Malchut" (Reich), „Gewura" (Kraft) und „Tiferet" (Herrlichkeit) sind drei der Zehn Sefirot oder Dimensionen des Göttlichen. Malchut steht unten am „Baum des Lebens" und symbolisiert die physische Realität, den Ursprung und Anfang, die schöpferische

Kraft, den Samen. Gewura befindet sich auf der linken Seite in der Mitte als Gegenstück zu „Chesed" (Barmherzigkeit) – zur Warnung, dass die Kraft immer konstruktiv und niemals destruktiv verwendet werden soll. Tiferet steht in der Mitte des Baumes und deutet auf die ultimative Frucht hin.

Die Worte „Dein ist das Reich und die Kraft und die Herrlichkeit" sagen uns, dass die Anfänge, die in uns entstehen, die Kräfte, die sie entwickeln, und die Frucht, die schließlich daraus reift, von Gott durchdrungen werden müssen. „Deine sind sie und nicht meine. Dein ist das Reich, in dem ich lebe, und nicht in meinem Reich. Deine ist die Kraft, die voller Liebe und Barmherzigkeit ist, mit der ich schöpfe, und nicht meine. Und die Frucht wird mit deiner Herrlichkeit erfüllt und nicht mit meiner." Diese Worte fordern uns auf, von unseren egoistischen Motiven abzulassen und die göttlichen Kräfte in uns einzuladen. Mit diesem letzten Vers des Vaterunsers wiederholen wir noch einmal alles, was wir bis jetzt gelernt haben und worüber wir meditiert haben. Wir bekennen uns zum Reich Gottes, wir bestätigen die Kraft, die in uns und durch uns wirken soll, und wir machen uns leer – im Vertrauen darauf, dass alles, was von Gott kommt, eine Frucht der Herrlichkeit bringen wird.

Meditieren Sie über das Reich Gottes, in dem Sie leben – und das sich in Ihrem eigenen Herzen auftut. Nehmen Sie sich Zeit und entdecken Sie seine Städte, seine Wege und Gassen, lernen Sie seine Bewohner kennen – die Erzengel und Engel, die himmlischen Kräfte und die Heiligen. Meditieren Sie über die Kraft Gottes, die Ihnen überall und in jedem Moment frei zur Verfügung steht. Sie haben heute die Möglichkeit, Ihren Stromanbieter zu wählen. Sie haben auch die Möglichkeit zu entscheiden, welche Kraft Sie einladen möchten, in Ihnen zu wirken. Lassen Sie diese Kraft Gottes durch Sie hindurchfließen, spüren Sie sie und lassen Sie diese Kraft in Ihnen und durch Sie wirken. Einfach jetzt. In diesem Moment. Eilen Sie nicht – bewundern Sie die Früchte, die diese Kraft Gottes durch Sie erzeugen kann. Bleiben Sie von Gott erfüllt. Wenn Sie mit dieser Meditation fertig sind, sagen Sie einfach: „Danke schön".

SCHLUSSMEDITATION

Das neunte Gebot

Du sollst nicht begehren deines Nächsten Frau.

Die einfache Bedeutung dieses Gebotes ist klar. Obwohl es immer wieder Menschen gibt, die argumentieren, es sei nicht schlimm, nur daran zu denken und zu begehren, solange man es nicht wirklich tue, lehren die spirituellen Gesetze doch das Gegenteil. Wir haben schon gelernt, dass der Gedanke nichts anderes ist als ein Funke, ein Same, der gesät wird und uns früher oder später mit einer Frucht überraschen wird. Vielleicht zu einer ganz anderen Zeit und unter vollkommen neuen Umständen. Aber solche Funken müssen sofort gelöscht werden, damit sie uns nicht mehr beeinflussen. „Wenn du nicht recht tust, lauert an deiner Tür die Sünde als Dämon. Auf dich hat er es abgesehen, doch du werde Herr über ihn"

(Gen. 4, 7), sprach Gott zu Kain, als der Gedanke, seinen Bruder Abel zu töten, ihm das erste Mal kam. Auch wir schaffen immer wieder Dämonen, die an unserer Tür lauern. Wenn wir nicht wollen, dass sie über uns herrschen, müssen wir über sie herrschen.

Dieses Gebot hat jedoch noch einen tieferen Sinn. In unserer ersten Meditation haben wir gesehen, dass die Frau in der antiken jüdischen Tradition als ein Symbol für das Gefäß betrachtet wird. Sie ist der „Raum", in dem die Frucht entsteht und aus dem sie hervorgeht. Die „Frau" ist demnach der „Raum" in unserer Seele. Die „Frau seines Nächsten zu begehren" heißt also auch, auf andere Menschen und ihre Erfolge neidisch zu sein oder sogar etwas anderes sein zu wollen, als man ist. Die Religion lehrt, dass jeder Mensch ganz und gar einzigartig ist und es keine zwei identischen Seelen in der Welt geben kann. Ein anderer Mensch sein zu wollen, heißt zu meinen, dass mein kreativer Raum nicht ausreichend wäre – obwohl ich meinen Raum ja weder völlig entdeckt noch alles getan habe, um mich in ihm gänzlich zu entfalten und zu verwirklichen. Dass das Gras bei meinem Nachbarn grüner sei als bei mir, ist eine Illusion. „Der Ort, an dem du jetzt bist, kann dein Garten Eden sein", lehren die buddhistischen Meister. Jeder von uns hat genau das Potenzial bekommen, das er braucht, um seine Seele zur vollen Entfaltung zu bringen. Hinderlich ist uns dabei nicht unser „seelischer Raum", hinderlich ist nur unsere seelische Trägheit, ihn maximal auszubauen, an ihm zu arbeiten, ihn zu nutzen. Meditieren Sie über Ihren „Raum der Seele", über das Gefäß, in dem Ihre spirituelle Entwicklung stattfinden soll. Machen Sie sich dort ein Zuhause. Auch wenn Sie entdecken, dass Ihr Garten voll Unkraut ist, während der Garten Ihres Nächsten schön und gepflegt aussieht. Fühlen Sie sich da wohl, wo Sie gerade sind, machen Sie sich mit Ihrem Raum vertraut – und machen Sie sich an die Arbeit. Begehren Sie nicht, was Ihnen nicht gehört – es wird sowieso nie Ihres sein können. „Die Frau Ihres Nächsten" wird für Sie immer eine „fremde Frau" bleiben. Entdecken Sie stattdessen, was Ihres ist – das, was Ihnen längst geschenkt wurde und nur darauf wartet, von Ihnen berührt zu werden.

Schreiben Sie in Ihr Notizbuch, was Sie an anderen Menschen fasziniert oder worum Sie sie beneiden.

Schauen Sie jetzt tief in Ihre eigene Seele. Sie werden sehen, dass Ihnen alles gegeben wurde, um glücklich sein zu können – nicht morgen, sondern in diesem Moment. Meditieren Sie weiter und verwandeln Sie Ihren Garten in den Garten Eden. Ihren Garten Eden. Fangen Sie gleich an.

TAG 10

VORBEREITUNGSMEDITATION

Der Buchstabe „Jud"

Der Buchstabe Jud hat den Wert 10. Als erster Buchstabe des göttlichen Namens JHWH symbolisiert er Gott selbst. Jud steht als Zeichen der absoluten Vollkommenheit und Transzendenz Gottes, die durch die Zehn Dimensionen (oder Zehn Sefirot) in der physischen Welt wirken. Jud symbolisiert auch das Paradies, die zukünftige Welt – Jud ist das Samenkorn, in dem alle Kräfte und Eigenschaften Gottes und seines Reiches sich vereinen und konzentrieren. Aus diesem Samenkorn wächst das Himmelreich Gottes, mit dem mystischen Baum des Lebens in seiner Mitte. Jud ist seiner äußeren Gestalt nach der kleinste Buchstabe des hebräischen Alphabets, aber wohl der wichtigste.

Wie das kleine Samenkorn steht auch Jud für die noch verborgene, nicht entfaltete Kraft mit all ihren zukünftigen Möglichkeiten. Jesus verwendete sehr oft Gleichnisse, in denen der Sämann, Felder, Bäume und Pflanzen vorkamen. Die Menschen, an die er seine Worte damals richtete, wussten genau, wovon Jesus sprach, denn die Landwirtschaft war ihnen vertraut. Heute jedoch leben die meisten von uns in Städten und sind an vorgefertigte Lebensmittel gewöhnt. Wir können uns (noch) alles kaufen – wann immer wir wollen. Wir müssen nicht bis zum Sommer warten, wenn wir mitten im Winter plötzlich Lust auf Erdbeeren oder Kirschen verspüren. Es fällt uns nicht einmal mehr auf, dass uns alle Produkte, auch die der Saison, jederzeit zur Verfügung stehen. Diese Seite des Fortschritts muss an sich nicht schlecht sein, wenn wir einmal davon absehen, welch enorme Belastung für die Natur und die Erde sich daraus ergibt. Aber sie beeinflusst unser Denken und überträgt sich auch auf unsere spirituelle Welt. Der Mensch sucht heute nach schnellen Lösungen und vorfabrizierten „spirituellen" Produkten. Die geistige Welt lässt sich jedoch nicht manipulieren. Sie unterliegt den spirituellen, göttlichen Gesetzen und erlaubt kein Überspringen und keine Schleichwege. Dieses spirituelle Universum, das Reich Gottes, wird uns in Form eines Samenkorns geschenkt. An uns liegt es jedoch, das Feld unserer Seele zu beackern, das Samenkorn einzupflanzen und dafür zu sorgen, dass es wächst, sich entfaltet und schließlich Frucht bringt.

Wir alle tragen die Ewigkeit in uns. Das Paradies ist der Garten in unserer Seele. Das Reich Gottes kann nur in unserem Herzen gefunden werden. Alles aber beginnt mit einem kleinen Samenkorn – den Baum des Lebens kann man sich nicht kaufen. Er muss wachsen dürfen und er bringt seine Früchte zu seiner bestimmten Zeit – und nicht, wenn wir sie gerne hätten. Dieses Samenkorn ist auch die Summe der Vielfältigkeit – im Laufe seiner Entfaltung wird der Mensch dazu aufgefordert, mitzutun und in sich selbst immer weiteren Raum zu schaffen – indem er sich von Vorurteilen, von fertigen Bildern und Stereotypen verabschiedet und darauf verzichtet, entscheiden, beurteilen und kontrollieren zu wollen. Der Mensch lässt einfach das Himmelreich in sich wachsen und sich entfalten und vertraut darauf, von diesem Prozess der Entfaltung und des Wachstums mitgenommen zu werden. Vom Mysterium überwältigt wird er selbst zum Mysterium des kosmischen Lebens.

Jesus sagte auch, wenn ein Samenkorn nicht stirbt, könne es keine Frucht bringen. Wenn es jedoch stirbt und „begraben" wird, werde es viele Früchte bringen. Man kann auch den Ozean nicht mit einem Schiff überqueren, ohne zuvor den Hafen zu verlassen; und um zu fliegen, muss ein Flugzeug sich erst von der Erde lösen. Dasselbe gilt auch für uns. Um unsere spirituelle Reise aufzunehmen, um das Samenkorn des Himmelreichs in uns wachsen zu lassen, sind wir darauf angewiesen, unsere „alte" Welt gehen zu lassen, uns der göttlichen Führung hinzugeben und uns immer aufs Neue von Gott und dem Universum überraschen zu lassen. Sollten Sie nach der Ewigkeit, dem Himmelreich und nach Gott suchen, habe ich eine gute Nachricht für Sie: Ihre Suche ist beendet. Denn all das liegt schon in Ihrem Herzen verborgen und Sie verlieren nur Ihre Zeit, wenn Sie es irgendwo dort draußen vermuten.

Meditieren Sie über das Samenkorn. Es mag sehr klein, ja fast unsichtbar sein. In ihm allein aber sind die gesamten Geheimnisse und Kräfte Gottes verborgen. Wie schade es doch wäre, wenn es unbeachtet verkommen würde. Pflanzen

Sie es ein, lassen Sie es wachsen und wachsen Sie zusammen mit ihm. Seien Sie geduldig. Versuchen Sie nicht, seine Zeit zu beschleunigen – das funktioniert nicht und Sie würden nur müde von der vergeblichen Mühe. Es wird dauern, bis der Baum des Lebens in Ihrer Seele so groß ist, dass die „Vögel des Himmels" (die kabbalistische Bezeichnung für die Engel) in seinen Ästen ihre Nester bauen. Anfangs wird nur ein zarter kleiner Spross zu erkennen sein – beschützen Sie ihn, kümmern Sie sich um ihn, und Sie werden von ihm die Früchte des Ewigen Lebens ernten.

HAUPTMEDITATION

„In Ewigkeit. Amen."

Die Ewigkeit ist die Dimension, die nie beendet werden kann. Sie ist für immer da und kann nie aufhören zu existieren. Gott ist ewig, und so auch wir, die nach seinem Bild als seine Kinder geschaffen wurden. Diese letzten Worte, mit denen Jesus das Vaterunser beschließt, erinnern uns daran, dass alles in unserem Leben aus der Perspektive der Ewigkeit betrachtet werden muss. Die Ewigkeit ist jedoch nicht etwas, das noch geschehen wird, sondern sie existiert bereits hier und jetzt. Die Ewigkeit beginnt nicht erst mit dem Tod, sie setzt sich dann nur weiter fort. Die Ewigkeit ist nicht das Jenseits, sie ist auch das Diesseits. Sie ist nicht ein Zustand, sondern ein Raum. Und in der Tat heißt die Ewigkeit auf Hebräisch „Olam", was gleichzeitig „Halle" bedeutet, oder einfach: ein großer Raum. Dieser Raum ist transzendent und wird von uns selbst gestaltet und eingerichtet. Und wir werden ihn auch als einziges mitnehmen, wenn unsere Wanderung in der physischen Welt beendet ist und wir in die neue, spirituelle Dimension des Lebens übergehen werden.

Als Jesus seine Jünger beten lehrte, wollte er sie nicht nur darauf aufmerksam machen, dass die „Kraft", das „Reich" und die „Herrlichkeit" Gottes für immer bleiben werden, sondern auch darauf, dass sie im menschlichen Leben einen bestimmten „Raum" brauchen, den sie füllen können. In dieser Meditation wollen wir uns vorstellen, dass wir die Architekten unseres Raumes sind. Finden Sie eine bequeme Position, schließen Sie Ihre Augen und visualisieren Sie den Raum Ihrer Seele. Treten Sie ein und machen Sie sich vertraut mit ihm. Wie sieht es hier aus? Lebt hier jemand, und wer? Was für eine Stimmung herrscht? Angenommen, ich wäre von jetzt auf gleich nicht mehr in der Lage, noch etwas zu ändern, wäre ich mit dem momentanen Zustand zufrieden? Kann ich mich in meinem Raum glücklich und zuhause fühlen? Wenn nicht, dann wird es höchste Zeit, mit der Entrümpelung nach Art eines spirituellen Feng Shui zu beginnen. Lassen Sie gehen, was Sie zurückhält. Verabschieden Sie sich von Gefühlen und Sehnsüchten, von denen Sie wissen, dass sie Ihrer spirituellen Entwicklung im Wege stehen. Solche Abschiede sind niemals leicht, aber sie sind notwendig – nehmen Sie sich die Zeit, diese Dinge, Gefühle und Gegenstände würdig und friedvoll zu verabschieden. Machen Sie sich eine Liste und gehen Sie der Reihe nach jeden einzelnen Gegenstand an. Seien Sie geduldig mit sich und den Dingen. Die Kraft, das Reich und die Herrlichkeit Gottes werden den Raum anfüllen – Sie selbst werden zum Träger und Vermittler dieser Kraft, der Herrlichkeit und dieses Reiches. Gestalten Sie Ihren Raum so, dass Sie dort eine schöne Ewigkeit verbringen können.

Ganz zum Schluss sprechen wir das Wort Amen. Amen ist ein Akronym für drei Wörter, die zusammen „Gott ist der treue König" ergeben. Aber nicht allein das. Das Wort „Amen" besteht aus drei Buchstaben: Aleph (1), Mem (40) und Nun (50). Wir haben anfangs schon gelernt, dass auch der Buchstabe „Aleph" als Symbol für Gott steht. Der Buchstabe Mem symbolisiert Wasser, Veränderung, Entwicklung und Geburt – der Wert 40 deutet auf die vierzig Wochen der

Schwangerschaft hin; vierzig Tage war Moses auf dem Berg Sinai, als er die Thora erhielt; und vierzig Tage verbrachte Jesus in der Wüste, bevor er seinen Dienst aufnehmen durfte. Der Buchstabe Nun mit dem Wert 50 steht als Symbol für eine Leiter, die den Himmel und die Erde verbindet und sich aus fünfzig Stufen der Heiligkeit und Reinheit zusammensetzt. Das Wort „Amen" bedeutet, dass Gott, der treue König, uns durch den ganzen Prozess unseres spirituellen Wachstums bis zur ultimativen Erlösung begleitet. Gott führt uns durch eine Entfaltung zur spirituellen Geburt und hilft uns, über die fünfzig Stufen der Heiligkeit in die Höhe zu steigen. In diesem Sinn steht das Wort Amen für eine geheime Karte, die uns durchs Leben weist. Alles fängt mit Gott an. Es führt durch Veränderung, Reifung und Wachstum zu unserer spirituellen Geburt. Danach beginnen wir unseren Aufstieg zum Gipfel unseres geistigen Potenzials – so dass wir am Ende eins mit Gott werden – und Gott eins mit uns.

SCHLUSSMEDITATION

Das zehnte Gebot

Du sollst nicht begehren deines Nächsten Gut.

Ebenso wie das Gebot in der Meditation zum neunten Tag lehrt uns auch dieses, dass wir auf unsere Gedanken und Wünsche achtgeben müssen. Es steht am Ende der Liste der Zehn Gebote und symbolisiert die Wurzel. Das Begehren von Dingen, die uns nicht gehören (und in der Regel gibt es dafür einen guten Grund), aktiviert einen Mechanismus, eine Kette von Ursache und Wirkung, die, wenn wir sie nicht rechtzeitig unterbrechen, uns wieder zum Anfang der Liste und geradewegs zum ersten Gebot führen wird. Das Begehren von Dingen wird sich nämlich früher oder später zum Begehren eines Menschen steigern (du sollst nicht begehren deines Nächsten Frau). Um das Objekt der Begierde zu bekommen, wird man zu „falschen Aussagen" greifen müssen, ob gegenüber sich selbst (um sich zu überreden, dass alles in Ordnung ist) oder gegenüber anderen (die man anlügt). Nachdem das geschehen ist, hat man auch schon das Stehlen vollbracht – denn man ist jetzt im Besitz von etwas, das einem nicht gehört. Dann begeht man den spirituellen „Ehebruch" und macht sich des Vergehens der Untreue anderen Menschen gegenüber schuldig (du sollst nicht ehebrechen). Um sich zu schützen, sieht man sich gezwungen, seine Gegner (in der Regel jene Menschen, die man „bestohlen" hat) zur Seite zu stoßen, und begeht einen spirituellen „Mord". Über „Leichen" zu gehen ist der Weg, Karriere zu machen und seine egoistischen Ziele zu erreichen. Schließlich verliert man die Verbindung zu sich selbst (ehre deinen Vater und deine Mutter), zu seiner Seele (du sollst den Tag des Herrn heiligen) und zu Gott (du sollst den Namen Gottes nicht verunreinigen). Ganz am Ende bricht man auch das erste Gebot, indem man Gott durch sein Ego ersetzt und sich vom eigenen Ego regieren lässt. „Kein Übel ist größer, als viele Wünsche zu hegen. Kein Unheil ist größer, als nicht Genügen kennen. Kein Fehler ist größer als Begehren nach Besitz", schrieb Lao Tse. Das Wissen darum, dass wir die eigenen Wünsche und Begierden unter Kontrolle halten und ihnen nicht erlauben sollten, uns zu steuern, gehört zum Fundament wohl aller großen Religionen. So lehrten es Moses und Jesus, Buddha und Konfuzius. Die Missachtung des zehnten Gebots hat schon unzählige Freunde voneinander getrennt, gute Ehen zerstört, Menschenleben gekostet und Katastrophen wie Kriege heraufbeschworen. Alles fing immer damit an, dass jemand etwas haben wollte, das nicht ihm, sondern seinem Nächsten gehörte. Alles hat im Herzen mit einem einzigen Gedanken angefangen. Meditieren Sie und überprüfen Sie Ihre Wünsche und Sehnsüchte genau. Unterschätzen Sie nicht deren Macht und Entwicklungspotenzial. Denken Sie daran: Das Gegengift für Begierden ist die Dankbarkeit. Seien Sie dankbar für das, was Sie sind und was Sie haben. Sie brauchen den Besitz Ihres Nächsten, ob er nun spiritueller oder physischer Art ist, überhaupt nicht. Alles, was Sie brauchen, ist Ihnen gegeben und geschenkt.